子育てのきほん

児童精神科医
佐々木正美

100%ORANGE 絵

ポプラ社

はじめに

お母さん　お父さんへ

どうか忘れないでください。

子育てでなにより大切なのは、

「子どもが喜ぶこと」をしてあげることです。

そして、そのことを「自分自身の喜び」とすることです。

子どもは、かわいがられるからいい子になります。

かわいい子だから、かわいがるのではないのです。
いくら抱いても、いくら甘やかしてもいい。
たくさんの喜びと笑顔を親とともにした子どもは
やがて、人の悲しみをも知ることができるようになります。
誰とでも喜びと悲しみを分かち合える人に成長するでしょう。
これは人間が生きていくうえで、
もっとも大切な、そして素晴らしい力です。

佐々木正美

目次 Contents

第2章 家族の中で育つ子ども

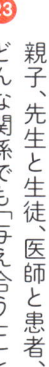

第4章 親のふるまいと子ども

ブックデザイン：bookwall
協力：杉浦正明（子育て協会）

第1章

母と子どものきずな

1

人と上手に
交われないことほど
大きなストレスは
ありません

いまの時代、たくさんの人々がストレスに苦しみながら生きています。

ストレスといってもいろいろな原因がありますけれど、すべての世代でもっとも多いのが「人間関係」によるストレスです。

「人間関係のストレス」といったら、ひと昔前は「大人だけのもの」と思われていました。けれど、いま人間関係がうまくいかないことで強いストレスを感じ、普通の生活が送れなくなったり、精神的な病気になってしまったりするケースは、子どもたちにも非常に多いのです。

日本には、「引きこもり」の状態にある人が100万人ほどいるといわれています。

これは政府の公式見解で、実際にはもっともっと多いでしょう。

この数字がいまの日本を象徴しています。

なんと悲しいことでしょうか。

これほど多くの人が、人と、社会とうまく関わることができずに、部屋のなかに一人でじっとうずくまり、悲しんでいる。

誰かと喜びや悲しみを分かち合うこともない。これほど寂しく苦しいことがあるでしょうか。


私は児童の精神科医ですから、臨床で成人の方と接することは少ないのですが、成人をいつも診ている友人の精神科医に話を聞くと、ほぼ全員が、近年鬱《うつ》病が非常に増えていること、また社会不安障害といわれるものが増えていることを指摘します。

こうした病気のきっかけはひとつではありませんが、人間関係によるストレスが大きな原因であることははっきりしています。

同じ集団のなかにいても、その集団にうまく適応できない、特定の人とうまく交われない、といったことが非常に強いストレスとなって、病気になってしまうことがとても多いのです。

こんな話をしょっちゅう耳にするにつけ、私は自分が長年専門領域としてきた乳幼児から思春期までの子どもたちについて、ずっと思いをめぐらしてきました。

2

はいはいを始めたばかりの赤ちゃんは、いつも見守られながら冒険している

思い返したのは、マーガレット・マーラー（1897〜1985年）という心理学者の研究です。彼女は実に緻密に詳細に、乳幼児を、とくに乳児を観察した研究者です。その彼女がこんなことを言っています。

「生後6ヶ月から2歳ぐらいの子どもは、自分で移動できるようになって喜びでいっぱいで、あちこちへ這っていきたい、よちよち歩き回りたいという気持ちを持っています。こうした子どもの様子は、まるで奥さんのいない世界で浮気を楽しもうとする男たちのようだ」

実に面白い表現だと思いませんか？　英語では「love affair in the world without wife」と書いている。

奥さんの留守にちょっとだけ楽しみたい、けれども遊びが終われば家に帰れるわけです。心配事があったらちょっと家のほうを振り返り、遊んでいて何か都合が悪いことがあったら家に飛んで帰ってくる。

男性の浮気と赤ちゃんのはいはいは、「同じようなものだ」と言うんですね。要するに自由に動いて外の世界を楽しみたいけれど、奥さんやお母さんに見放されては大変だ、という感じ。結局、甘えているんですね。それが生後6ヶ月から2歳ぐらいまでの子どもの行動の基本なのです。逆にいえば、男の浮気がどれほど子どもじみたものか、ということにもなりますが。

さて、いまお話しするのは男の浮気のほうではなくて、赤ちゃんのほうです。

こうした時期の赤ちゃんの行動は、あたり前ですがやっぱり身勝手なものです。親の思う通りにはなりません。

その「勝手な赤ちゃん」の行動を、いとおしく思いながら、じっと見守っている母親の存在は、常に赤ちゃんに大きな安心感を与えているのです。

振り返ったときにお母さんか、あるいはお母さんに代わる人がいなかったときに、赤ちゃんは非常に強い不安を感じます。マーラーは、この子どもの感情を「見捨てられ不安」（abandonment anxiety）と呼びました。「見捨てられ抑鬱」（abandonment depression）というさらに踏み込んだ言葉も使っています。

マーラーは非常に優れた観察眼を持った研究者です。よちよち歩きをする赤ちゃんのなかに、ある特有の感情を読み取ったのですね。

3

振り返れば
必ずママがいる、
という安心感ほど
大きいものはありません

好き勝手なことをしながらも「振り返れば必ず自分を見守っている人がいる」という育て方をされた子どもと、逆に「振り返ったときに見守っている人がいないことが多い」環境で育った子どもは、その後の発達に大きな違いが見られるといいます。

マーラーは「love affair in the world without wife」という小さな赤ちゃんの楽しみを、上手に許容し、受容してやることによって、子どもは「見捨てられ不安」「見捨てられ抑鬱」といった感情を残さずに、成長していくことができると言っています。

乳幼児期にこうした「見捨てられ不安」が強い場合、青年期、成人期に、鬱病や社会不安障害、あるいは新型鬱と呼ばれるようなものを発症する原因のひとつになっているのではないか、と私は経験上推測しています。乳幼児期の見捨てられ不安と見捨てられ抑鬱、そして大人の鬱や社会不安障害には、間違いなくつながりがあろうと思います。大人になってからこうした症状が表れる以前の段階には、引きこもりや不登校という問題があったという可能性も高いのです。

4

「見捨てられ不安」を子どものなかに残さないようにしてあげてください

アメリカの精神科医ジェームス・マスターソン（1926〜2010年）は、パーソナリティ障害の分析・治療で有名な人ですが、専門は思春期、青年期です。彼はマーラーの研究を引き継ぐようにして「見捨てられ不安」「見捨てられ抑鬱」に関わる見解を述べています。こうした不安、抑鬱を思春期、青年期まで持ち越すと、それが境界性人格障害（ボーダーラインパーソナリティ障害）につながっていくという意見です。

私が境界性人格障害という言葉を初めて聞いたのは、45年以上前、医学部の学生だったころです。当時は「境界例」（ボーダーケース）という言い方をしていましたが、ある授業で、教授が「こういう特別な事例がある」といって講義してくれたのです。ただ、教授自身「自分は境界性人格といわれる人にはまだ会ったことがない」と話していたのを覚えています。当時は非常に珍しいケースだったのです。私たち学生は「そんなにマイナーな例なら、試験には出そうもないからあまり勉強しなくてもいいだろう」と言い合っていたくらいでした。

ところが卒業して精神科医になってみると非常に多い。その後、どんどん増えていった。

マスターソンは、境界性人格障害と見捨てられ不安、見捨てられ抑鬱の感情の関連を指摘していますが、鬱や社会不安障害、新型鬱といった近年増加している病気と乳幼児期の「不安」にどういった関係があるのかは、まだ詳しくわかりません。次世代の精神科医にはこれをさらに実証的に解明してほしいと思っています。

5

「おしゃべりできる」
ことが
「コミュニケーション力」
ではありません

核家族化が進んだことなどで家族をとりまく環境は変わりました。また地域社会も都市部のみならず変化しています。教育現場の指針や雇用制度をはじめとして、働き方も変わりつつあります。

こうしたなかで、大人も子どもも「人間関係」にストレスをかかえる人が増え、社会のなかで人と交わりつつ生きていくことがむずかしい、という人が増えているのです。

社会のなかで人と交わる力というのは、実は乳児のときから育っていきます。乳幼児期というのは、人間にとってほんとうにたいせつなたいせつな時期です。

この時期に育つさまざまな心身の力が、大きくなってからの生活、生き方の基礎になっていくからです。

その力とは、歩けるようになった、背が伸び体重が増えた、言葉をしゃべれるようになった、という目に見えるものばかりではありません。赤ちゃんの心もまた育っています。

なかでもとても重要なのが社会性です。社会性というのは、ひとことで言うなら社会のなかでお互いにコミュニケーションをし合う力、人間関係をつくり育てていく力のことです。

コミュニケーションとは、会話ができればいいという意味ではありません。ニュースなどで聞くようになった振り込め詐欺師は、とても「会話」が達者です。けれどそこに人間的なコミュニケーションはかけらもない。

ほんとうの人間的なコミュニケーションというのは、お互いの喜びを分かち合う力です。喜びを分かち合える力とは、同時に悲しみを分かち合える力です。悲しみを分かち合うこととは、言ってみれば「思いやり」ということになります。

社会のなかで、人といきいきと交わりながら生きていく力を、子どものころからどう成熟させていくか、というのはなによりも重要なことだと思います。

6

お母さんは、子どもが喜ぶことをしてあげるだけでいいのです

お母さんがたに「赤ちゃんをどう育てればいいのでしょう」「なにをしてあげれば一番いいのでしょう」と聞かれるとき、私はいつもこう答えています。

「お母さんは、子どもが喜ぶことをしてあげてください」

単純なことだと思いませんか？　けれど、多くのお母さんは「喜ぶことばかりをしてはいけないのではないか」というふうにお考えになるようです。

けれどそれは違います。「子どもの喜ぶことをしてあげること」とは、その子がやがて社会のなかで生きていくうえで一番必要な「社会性」の土台をつくることだからです。


私は保健所などで行う乳幼児健診でお母さんがたの相談に乗ったり、またこれから赤ちゃんが生まれてくる妊婦さんたちにお話をする機会がたくさんありました。

精神科の医師として、生まれたばかりの赤ちゃんになにをしてあげればいいのか、どう接すればいいのかをいろいろとお話ししてきたのです。

ずっと言いつづけてきたのが「子どもの喜ぶことをしてあげましょう」ということでした。

こうした勉強会で出会ったお母さん、保健師さんのなかには、その後10年以上おつきあいがつづいた方もたくさんおられます。当時妊婦さんだった方のお子さんが小学校高学年になっても、勉強会に参加されてずっとお母さんとお子さんを見てきたケースもあります。

何人ものお母さんたちが、私にこう言いました。いずれも妊婦さんのころ私の話を聞き、赤ちゃんが生まれてもう10年たっている方です。

「この子がおなかにいるとき、〝お母さんは赤ちゃんの喜ぶことだけしてあげればいいんですよ〟と言ってもらえたことで、子育てがとても楽しくラクになったようです」

「どうしてでしょうね？」

と聞いてみると、

「あれこれ忙しくて、赤ちゃんが泣くと煩《わずら》わしい気持ちになりかけることもあったけれど、〝子どもが喜ぶことをしてあげるのが一番いいんだ〟と思っていると、めんどうだ、と思う気持ちよりも楽しい気持ちのほうが強くなって、子どもが泣いても、あれこれ要求してきても、ほとんどイライラしなかったのです」

と言っていました。

出産後よりも、妊娠中にこうした話を聞いたお母さんほど、育児にストレスをあまり感じず、スムーズに赤ちゃんと接することができていたように思います。

「赤ちゃんが喜ぶこと」はなんでしょう？

あげればきりがありませんね。抱っこしてもらう、高い高いをしてもらう、もっと小さいころならおっぱいをもらう、おむつを換えてもらう、お風呂に入れてもらう、いないいないいないばあをしてもらう、お母さんやお父さんが面白い声を出して笑わせてくれる。赤ちゃんはどれも大好きで、してもらえばうんと喜びます。

でも赤ちゃんには「いまなにをしてほしい」と話すことができません。泣くだけです。新米のお母さんやお父さんはなにをしてほしいのかわからなくて、ときにはとんちんかんなことをしたり、オロオロしてしまうかもしれないけれど、それでもかまわないのです。

あれこれお母さんにしてもらったことを、赤ちゃんがずっと覚えているわけではありません。自分が何を求め、何をしてもらったのか、何をしてもらえなかったのか、なんていうことは普通、子どもの記憶には残りません。

けれど、お母さんが「子どもを喜ばせよう」と、一途に考えて育てた子は、乳児期をすぎ、幼児期から少年期になっていっても、非常に気持ちが安定し、思いやりのある子に育っていくようです。これは保育士さんたちも、「その通りだ」と口をそろえます。

7

子どもが喜ぶことを
親が喜ぶことで、
「喜びを分かち合う力」
が育ちます

私が非常に尊敬するふたりの研究者がいます。ひとりはアンリ・ワロン（１８７９〜１９６２年）です。この人は、フランスの発達心理学者、精神科医で、教育者でもありました。20世紀を代表する心理学者のひとり、スイスのジャン・ピアジェ（１８９６〜１９８０年）とほぼ同じ時期に活躍した人です。

ワロンはこんなふうに言っています。

「喜びを分かち合う力を育てるということは、子どもが喜ぶことをしてあげる、ということだ」

私がずっと言い続けている「赤ちゃんが喜ぶことをしてあげなさい」というのは、こういうことなのです。

親が子どもをあやし、喜ばせること。しかもそれを親自身が喜びとしているということ。これが「喜びを分かち合う力を育てる」ことにつながるのだということです。

子どもが親にくすぐられたり、いないいないばあをしてもらったり、抱っこしてもらったりして、キャッキャと声を上げて喜び、親は子どもが喜ぶ姿を見て喜ぶ。この状態こそが、子どもにとって最大の喜びなのだと。

子どもは、自分をあやしてくれる親が心からそれを楽しみ、笑う自分を見て笑ってくれると、さらに喜びます。

子どもはこうした喜びを知ることで、人と交わることの喜びを知るようになっていくのです。

この感覚は乳児期の後期から少しずつ育っていきます。

ワロンは非常に詳細に赤ちゃんが発育していくプロセスを研究しつづけました。その結果、人間は乳児期の前半に「気持ちがいいこと、楽しいことを与えられるとうれしい」という感覚を持つようになりますが、乳児期後半になると「喜びを与えてくれる大人も喜んでいないと、楽しくない」という感覚を持つようになってくることがわかったのです。

大人がいやいや抱っこしたり、あやしたりしても、赤ちゃんはあまり喜びを感じないのです。逆にいえば、大人がうれしそうにあやしてくれると、大喜びするようになる。乳児期後半になると「自分が笑うと、お母さんも喜んでくれる」ということがわかるようになるんですね。それが「いっしょに喜び合いたい」「いっしょに喜ぶともっと楽しい」という気持ちにつながる。これが「喜びを分かち合う」ということの出発点になるのです。

ワロンが、長年にわたる観察と研究の末に行き着いたのが「お互いに喜び合うことが、人間の最大の喜びであり、これが人間的なコミュニケーションの根源である」ということで、「この力は乳児期後半から育ち始める」という結論でした。

私もワロンの考える通りだと思います。

8

喜びを分かち合う力が
育つと、子どもはやがて
お母さんの悲しみも
理解できるようになります

そしてもうひとつ付け加えるならば、喜びを分かち合う力が育てば育つほど、少し遅れるようにして悲しみをも分かち合う力が育ってくるのです。

悲しみを分かち合う力は意識的に「育てる」ものではありません。子どもが喜ぶことを喜んでしてあげるなかで、喜びを親子で共有することでしか育ちません。そうした時間を最初は親子で、やがて先生や友達と共有していくうちに、悲しみを分かち合う力は育っていきます。他者の心の痛みや、悲しみを理解する「思いやり」は、ともに喜び合うことを知って、初めて育っていくものなのです。

しつけをする必要があるときにも、「いけないことをすると、お母さんが悲しむ」ということがわかるようになる。お母さんの「怒り」ではなく、「悲しみ」を理解できるようになるのです。

「ああ、お母さんが悲しがっている」という気持ちが理解できることで、初めて叱られたことの意味も少しずつわかるようになります。

子どもが喜ぶことをしてあげていれば、やがて大声で怒ったり、怒鳴らなくても、自然にしつけもできるということです。

「してはダメ」「これはダメ」と言うよりも「こうしたらいいよ」「こうしたほうがいい」とおだやかに、何度も根気強く諭《さと》し、そして待つことです。

「あれが欲しいこれが欲しい」と店の前で泣きわめく子どもを見ると、どうしてもお母さんは叱りたくなるでしょう。けれど、なんでそんなに泣くのかといえば「泣かなくては買ってもらえないことがわかっているから」です。お母さんは「泣けば買ってもらえると思っているから泣くのだ」と思うかもしれないけれど、これは大きな違いです。その子には「泣かなくても買ってもらえた」という経験が少ないのです。おやつひとつでも、小さなおもちゃでも、「どれが欲しい?」「これがいい」と言って、それを買ってもらった経験がほとんどないのだと思います。

その子が泣くのは「このおもちゃがどうしても欲しい」からではありません。お母さんに自分の言うことをもっときいてほしい、ということなのです。

9

「いじめっ子」は
悲しみを分かち合う力が
育っていない
子どもです

ワロンの著作を読み返していると、近年とくにしみじみと感じることがあります。全国の小中学校で「いじめ」が問題になっていることです。小中学校に限らず、高校、大学、会社でも状況は変わりがありません。

「いじめっ子」――友達をいじめる子というのは、友達と悲しみを分かち合う力がない子なのです。ほとんどのケースが、うんと小さいときに親と喜びを分かち合うことがなかった、あるいはとても少なかったという子たちです。

子どもを喜ばせることがなによりの喜びだ、と思って育ててもらった経験がなかったのでしょうね。喜びを分かち合うことを知らない子は、悲しみを分かち合うことができない。いじめっ子というのはその典型的な姿です。

保育園などで、ほかの子をいじめる子がいた場合、私は「いじめられた子をなぐさめるのではなく、いじめた子を抱きしめてあげてください」といつもアドバイスをしています。

もちろんいじめられた子にもケアをしてあげる必要もありますが、もっと気をつけて見てあげてほしいのはいじめた子のほうです。「もうしてはいけない」と言うのではなく、「○○ちゃんも悲しいんだよね」と言ってあげるだけでいい。

ほとんどの場合、子ども自身もいじめることが楽しくてやっているわけではないのです。悪いということがわかっています。だからこそ「やってはいけない」「二度としないでね」という言葉は使うべきではないのです。乱暴なことをした子、いじめた子は、いじめられた子ども以上に傷ついた子どもだからです。

これは家庭でも同じことで、「そういうことをする子は大嫌い」「そんなことをしたらもう家においてあげない」というような言葉で叱ってはいけません。

そう感じさせる言葉を使わないでください。

叱ることがあってもあなたを見放したり、嫌いになったりはしないのだ、ということをなによりも伝えてあげてほしいのです。

10

「個人主義」と「利己主義」を勘違いしてはいけません

日本中で、こうした子どもたち――「喜びを分かち合えない子ども」「悲しみを分かち合えない子ども」、そして、同様の大人たちが増えています。

なぜそんなことになってしまったのか。

おそらく、日本人が少しずつ悪い意味で個人主義になってきた、ということが原因のひとつだろうと思います。個人主義というのは「自己を大切に生きる」という意味で、本来健全な思想です。しかし、現代の日本では、個人主義と利己主義、個人主義と自己中心的な行動の境界線がだんだん曖昧になって、その違いがわからない人がどんどん増えているように思います。

個人主義とは自分勝手にひとりで生きることではなく、社会のなかで他者と喜びや悲しみを分かち合った上で、それぞれのアイデンティティを重んじる生き方です。

私は昭和10年生まれで、2014年に79歳になりました。戦争に負けたときはちょうど10歳でした。当時のことをときどき振り返っていろいろ考えてみることがあるのですが、そのころは私たち子どもにも、親の世代にも、「人様のことを考えながら生きる」ことは当たり前のことでした。親は私たちに「ご近所様に迷惑をかけてはいけないよ」「先生や親に心配をかけてはいけないよ」と言い聞かせてきました。

よきにつけ悪しきにつけ、少し前の日本は「他者を思いながら生きる」のが当然の時代だったように思います。お国のために、会社のために、「滅私奉公」で尽くすことが常識のような時代だったのです。これは自分の個性を殺してしまったり、言いたいことも言えない、というよくない側面も持っていました。けれどいっぽうで、つらいなかでもお互いに弱い者同士が、家族や地域のなかで助け合ったり、支え合って生きていく時代でもあったのです。

戦後、アメリカの文化とともに「民主主義」「自由主義」という考え方が入ってきました。

敗戦後、小学校高学年の授業で、「自由主義」について教えられたおぼえがあります。「自由主義の世の中では、自分を大切にして生きるのだ」ということです。一度しかない人生を大切にして生きなくてはいけない、と。これは正しいことです。けれど戦後何十年かたつうち、自分を大切に生きることと、「自分だけ」を大切にして生きることの区別がだんだんになくなってきてしまった。

自分だけを大切に生きていると、人間関係は築けないのです。

11

日本はいつの間にか
「人との交わり」が
少ない社会に
なってしまいました

以前ＯＥＣＤ（経済協力開発機構）が各加盟国の「社会的孤立の状況」を調査したことがあります。１９９９〜２００２年に調査を行い、２００５年に結果が公表されました。

それぞれの国民が、社会のなかでどんなつきあいを持っているのか、を調査したものですが、「友人、同僚、その他宗教・スポーツ・文化グループの人と全くつきあわない、またはめったにつきあわない」と答えた人が加盟20ヶ国中もっとも多かったのが、日本です。本来、日本は地域共同体の意識が強い社会でしたが、戦後の経済発展などによってそれが急激に失われていったことの表れなのでしょう。

孤立の形はさまざまです。孤独死、ホームレス、そして低年齢層での典型が引きこもりや不登校、そしていじめも実は同じ構造です。

ひとしく「人との交わりに喜びを見いだしながら生きる力」が失われたことから起きてきたものです。

日本は終戦後ある日突然「自分を大切に」と言い出してしまったために、健全な個人主義の域を超え、どんどん「自分だけを大切に」という利己主義に陥ってしまったように思います。

結果として、日本人は本来持っていた力を失っていった。そのひずみがあちこちに出てきました。ほんとうに残念なことだと思います。

12

泣いて訴えたことに
何千回も応えてもらう経験が、
人間関係に喜びを
見いだす力になります

そんなことを考えていたところ、ある本のなかで、ブルース・ペリーという学者を知りました。この人はアメリカの乳幼児精神医学の専門家で、臨床に基づいたきわめて実証的な研究から意見を述べています。

ペリーはこんなことを言っています。

「乳幼児期に泣いて訴えることに対し、何千回も繰り返し応えてもらう経験が、その子が大きくなったとき人間関係に喜びを見いだす力になる」

これは大変な発見だと思います。

人間が「人間関係に喜びを見いだす力」を得るために、決定的に重要なことを言っている。

おむつが濡れて泣いて訴えるとお母さんがやってきて取り換えてくれる、おなかがすいたと泣いておっぱいをもらう、甘えたいと泣いて抱っこしてもらう。ちょっと暑い、なんだか寒い、音にびっくりした、まぶしい、いろんな理由があるでしょうけれど、赤ちゃんは泣くことしかできません。親もなんで泣いているのかよくわからないことだってあるでしょう。けれどとにかく赤ちゃんが泣けば親はそばに来て、なんとかしようとします。繰り返しているうちに、親のほうも「あ、これはおむつが濡れているんだな」「甘えたくて呼んでいるんだな」といったことも少しずつわかるようになっていくわけです。

そもそも赤ちゃんのほうも、おっぱいが飲みたいという欲求と寂しいからあやしてほしい気持ちがごちゃごちゃになって、はっきりわかっていないときもあるでしょう。けれど、泣いているときに放置されずできる限り適切に応じようとする人がいて、その頻度が高ければ高いほど、その子は人間関係の喜びを知ることができるようになる。

泣いて訴え、それに応えてもらうことのなかで、人との交わりに喜びを感じる感情の基盤をつくっていくのだ、とペリーは言います。彼は豊富な臨床経験のなかで、長い間母親がどうやって子どもに接したか、その後子どもがどういうふうに成長したかを観察しつづけてこれを実証的に明らかにできたと言っています。

第2章

家族の中で育つ子ども

13

いくら抱いても、
いくら
甘やかしても
かまいません

国によっても子育ての習慣はさまざまです。日本とよく比較されるのは欧米ですね。たとえば欧米のお母さんは夜赤ちゃんが泣いても添い寝をしない、早くから子ども部屋でひとりで寝かせる、といったものです。

世代によっても考え方に違いがあります。若い世代のお母さんが、孫が泣くとすぐに抱っこをするおばあちゃんに「抱きぐせがつくから困るわ」と苦情を言うこともあるかもしれません。

けれど、こうしたことにあまりとらわれる必要はないと思います。

抱きぐせというのは、どういうものをいうのかよくわからないけれど、だいたいは「甘えて抱っこをせがむ回数が増える」「抱っこしつづけていないと泣く」それによって、親が困るというようなことでしょう。でも可能な範囲でいくらでも抱っこしてあげればいいと思います。おばあちゃん、おじいちゃんに抱いてもらって喜んでいるのなら、むりにやめさせることはありません。

そもそも「おばあちゃん子、おじいちゃん子」というのは、抱っこされたり、かまってもらったりする回数が父母だけに育てられた場合よりずっと多くなります。親も祖父母も手をかけて育てた子どもというのは、間違いなく、人間関係のコミュニケーションに困難を感じることが少ない。

「おばあちゃん子は三文安い」などと言われたことがあります。親よりも祖父母は孫を甘やかすからわがままになる、といったような意味ですが、乳幼児期におばあちゃん、おじいちゃんにたくさんかまってもらって、抱っこをしてもらうことを「わがままになる」とか「抱きぐせがつく」と心配する必要はまったくありません。

私の家には男の子が3人います。もうとうにみんな大人になって自立していますが、私たち夫婦は、長男が生まれる前に私の両親を招いて同居することにしました。子どもたちは3人とも、生まれてみたら両親もいるし祖父母もいる、という家庭で育ちました。

祖父母というのはとにかく孫から目を離さない。もちろん親もあるていどはそうしているわけですが、祖父母はそれ以上に目も心も離しません。孫が喜ぶことをしてやることこそ、祖父母にとっては最大の喜びでした。これはもちろんある種の過保護です。ときにはしつけとしては望ましくないようなことでも「孫が喜ぶから」とやってあげる。けれどそれが同時に自分の喜びなのです。毎日、これが「喜びを分かち合う」ことの原形なのだな、と思うような場面ばかりでした。

14

おじいちゃん、おばあちゃんには、どんどん過保護になってもらいましょう

たとえば親が夕食のしたくをしていて、もうじきごはんだ、というような時間になると、子どももお腹がすいてきています。そこでおじいちゃん、おばあちゃんの部屋に行って「お腹すいた。何かない?」なんて言い出します。するとさっそく、「ビスケットがあるよ」「おせんべいを食べるかい」ということになりますね。親としては「あと15分がまんすれば、おいしくごはんが食べられるのに」と思うわけです。つい、そう口に出して言いたくもなります。けれどお菓子を与えた祖父母や子どもをなじったり、叱る必要なんかありません。

どうしても気になるのだったら「ごはんの直前に、お菓子をもらいに行ったでしょう? そうするとごはんがたくさん食べられなくなるよ。ごはんの前は少しだけがまんしようね」と叱らずに言い聞かせればいい。そうすると子どもも少しはわかるし、おじいちゃんやおばあちゃんも、翌日また子どもにせがまれても、「ごはんが食べられなくなるよ」「ごはんのあとにあげようか」とひとこと言う、ということになる。

毎日それをつづけて、ほんとうに夕食を食べないというならちょっと問題ですが、普通はそんなことはないはずです。ときどきおやつを食べ過ぎて、ごはんが食べられなかった、ということぐらいで、子どもの成長や発達に影響などありません。

あるとき私は子どもたちに「おじいちゃん、おばあちゃんに叱られたことはあるかい？」と聞いてみたことがありますが、どこの子も口をそろえて「一度もない」と答えました。どんないたずらをしたって祖父母は絶対に叱らないのです。

親が叱ると、子どもたちは祖父母のほうに一目散に逃げていってしまう。保護してくれる人のところに避難してしまうんですね。

しかも、叱られたことを祖父母にあれこれ話して同情を買おうとしているわけです。隣の部屋から聞いていると祖父母はこんなことを言っています。「あんたは悪い子なんかじゃないんだよ」「あんたはちっとも悪くない」。悪いことをして親に叱られたのがわかっていても、祖父母はこう言うのです。さらに、言うにことかいて「あのね、あんたのパパなんかもっと悪い子だった」などと言って、孫を慰《なぐさ》めている。困ってしまいますね。でも、それでいいのです。

15

息子たちは、親の
言うことはきかなくても
老いた祖父母の言う
ことならなんでもききました

息子たちは祖父母のことが大好きでした。嫌いになるはずがありません。

けれど、祖父母に愛され、祖父母が大好きだったからといって、親をないがしろにする、というようなことはありませんでした。これは私の家族のケースだけではありません。祖父母にうんと甘やかされた子どもが、自分の両親を避けたり、ないがしろにする、といったことは聞いたことがありません。

祖父母は孫の成長とともに衰え、老いていきます。子どもたちが小学校高学年になるころ、目の前で明らかに衰えていきました。少しずつ身の回りのことができなくなっていった。こんなとき、私の両親は孫に頼めることはすべて、孫に頼んでいました。どうしても私や家内でなくてはできないこと以外、ぜんぶ孫に頼むのです。

「おじいちゃん、あのビスケットが食べたいんだがなあ」

「ちょっとあれを買ってきてくれないかね」

すると、子どもたちは全員、おじいちゃん、おばあちゃんの頼みならばどんなことであれ必ずききました。「いや」とか「後で」と言ったことが一度もないのです。

親に頼まれると「いま、ちょっと宿題をしているから」「弟に頼んでよ」などと言うことが多いのに、祖父母に対してはそれがただの一度もありませんでした。家内がびっくりしていたものです。「子どもに何か頼みたいときは、おじいちゃんかおばあちゃんに言ってもらったほうがずっといいわね」と言っていました。冗談半分、本気半分ですよ。いい作戦だと思いませんか？

祖父母は元気なころ、孫の頼みを断ったことがなかった。怒ったこともない。その祖父母が衰えたとき、孫たちは祖父母の依頼をけっして拒否することがありませんでした。

ああ、そういうものなのか、と思いました。頼むことも頼まれることも、それがお互いにとっての喜びなのです。小学生の子どもたちも、祖父母の頼みに応じることで、祖父母が喜んでくれることがうれしかったのですね。

16

願いをたくさん
きいてもらって育った子は、
社会のルールも
自然に学びます

親は祖父母と同じように、なんでもかんでも子どもの言うことをきいてやることはできません。けれど、「うちの子は親の言うことをちっともきかなくて困っている」という人がいたら、やっぱり私はこう言いたいと思います。それは、親が子どもの言うことをきいてあげなかったからでしょう。いつもいつも、子どもが「あれをしたい」「ここへ行きたい」「これを食べたい」というのを、「今はダメ」「それは危ない」「体に悪い」「忙しい」「我慢しなさい」「行儀が悪い」と断ってばかりいたのではないでしょうか？　いくら理屈で正しいことでも、子どもは「親は自分が望んだことを何もしてくれなかった」と感じるでしょう。

「しつけのために」「健康のために」「安全のために」と、子どものことを考えてのことかもしれないけれど、それは子どもにとってはちっともうれしいことではありません。

「赤い飴がもっと食べたい」と言えば、祖父母は食事の前だろうが、食品添加物が入っていようが、砂糖が多すぎようが、すぐに与えてくれる。親は「いまお菓子を食べれば食事が食べられなくなる」「虫歯になったらどうするの」「添加物は体に悪い」と、「正しい理由」を山ほど見つけて「ダメ」と言うことが多い。

我が家では「子どもの言うことをきいてやる」という役割の多くを、祖父母が負ってくれましたが、親であっても、大きな害がないものならば、祖父母のように、言うことをきいてあげたらいいと思います。

家内は、子どもを叱ることはたくさんありましたが、「私が、心からいっしょうけんめいに子どもに頼んだときは、なんでも言うことをきいてくれた」と言います。

基本的なところですべて子どもの願いをかなえてやるのだ、という気持ちは、どんなしつけよりも子どもに届きやすいのです。

全部はかなえられなくてもいい。

スーパーマーケットに買い物に行って、「あれが欲しいこれが欲しい」とせがまれて、全部買うことはできないでしょう。でも、「ひとつだけ好きなものを買ってあげるから選んでいいよ」という気持ちになればそれでいいのです。

小さなことでも、自分の願いをきいてくれた、希望をかなえてくれた、という経験の多さが大切なのです。

「なんでも認める」「すべて許す」というのは、あるとき突然に始めるのではなく、乳児期から始まることです。その前提がなくて、成長してから「放任」のような形で、なにもかもわがまま放題にさせるというのは意味が違います。

なんでも買ってあげるとか、無制限にお金を与えるとか、どんな乱暴も許すという意味ではありません。こうしたことをする以前に、幼いときにすべてを受容してあげてほしいということなのです。親に願いと希望をかなえてもらった、いつも許してもらえた、という経験によって、ある段階で必ず大人の言うことも理解し、叱られなくても自分で判断して悪いことはやめる、ということができるようになります。

17

「上の子」にもときには「一人っ子」の気分を味わわせてあげてください

きょうだいげんかも、我が家では「誰かが泣いたらおしまい」というルールをつくっていただけでした。きょうだいげんかはスポーツのようなものですから、ルールを決めてゲームセットにしてしまえばいい。「終了」の笛をふくのだけ、親が担当すればいいと思います。どちらが悪いとか、お兄ちゃんは我慢しなさい、というようなことを言う必要はありません。

家内は「はい、お疲れ様。おやつにしましょう」と、よくやっていましたよ。

きょうだいが生まれると、お母さんはどうしても「お兄ちゃんだからしっかりしなさい」「お姉ちゃんだから我慢しなさい」という言葉が増えがちです。けんかをしても「弟はまだ小さいのだからやさしくしなさい」「お姉ちゃんが我慢してあげなさい」ということになりがちです。

けれども、こうしたことはあまり言わないであげてほしい。弟や妹ができると、上の子はだいたい「赤ちゃん返り」をして、これまでできていたことができなくなったり、今まで以上に親に甘えてわがままを言うようになります。自分に振り向いてくれなくなった、と思ってしまうからです。そうではない子ども、つまり「しっかりしたように見える子ども」は、うんと我慢をしているのです。

どちらにしても、「上の子」はお母さんに嫌われまい、もっと自分を見てほしい、と思っています。

できるだけ、「しっかりしなさい」「我慢しなさい」という言葉を使わないであげてください。

昼間はどうしても下の子に時間をとられるのは仕方がありませんが、下の子が寝たあとにふたりだけで、おやつを食べながらしばらく話を聞いてあげるとか、ときどき上の子だけを連れてどこかへ遊びに行く、といったことで「一人っ子」の気持ちを味わわせてあげるといいと思います。

これはきょうだいがたくさんいても同じことです。それぞれの子どもたちひとりずつに、少しの時間でいいですから、「お母さんとふたりだけ」という時間をつくってあげるといいと思いますよ。そうした時間があれば、子どもはきょうだいがたくさんいても「ひとりひとり、全員がそれぞれ大切にされているのだ」ということを理解するでしょう。じゅうぶんに愛されていることがわかれば、弟がわがままを言っても「聞き分けがないのは小さいのだからしょうがないな」という気持ちが、小さいなりに育っていくものです。

もちろん、それできょうだいげんかがまったくなくなるはずもありませんけれど、上の子が極端に怒りっぽくなったり、扱いにくくなるようなことはないと思います。

よくある「偏食」も、別にむりやりなおす必要もないと思います。ほどほどにバランスがとれていれば、好きなものを食べさせてあげればいい。

私の子どものひとりは、中学まで偏食がなおりませんでしたが、先生に手紙を書いて頼んだことがあります。「うちの子は偏食ですが、これは親の責任です。これで栄養不足になっても私たちの責任ですから、給食を残しても許してやってください」と。先生は「○○くんは、ちゃんと成長して学校に来ているのですから、少しも心配していません」と返事をくれました。とても立派な先生だと思います。

実際息子はだんだん成長するにつれて、偏食も自然になおっていきました。

きょうだいげんかと偏食の例をあげましたが、「よかれ」と思って、なおそう、正しい方向に導こうと、あれこれ毎日叱るよりも、放っておけばだいじょうぶ、「そのままでも別にだいじょうぶだよ」と受け止めてあげることのほうがずっと大切だし、結果的にいい方向にすすむということが多いものです。

18

ときには親よりも
少し距離がある
親戚と過ごすのも
悪くありません

私の家族は、妻も私も含めてきょうだいが多く、会う機会が多かったので、たくさんの姪や甥が家に出入りしていました。

そんななかで、親同士があれこれとお互いに子育てのことを話したり、相談することもありました。私がこうした仕事をしていることもあって、妻のきょうだいから「正美さん、こんなときはどうしたらいいもんだろうね」と聞かれることもありました。

一時期、姪のひとりが高校生のころに引きこもりぎみになったことがあります。そのときに、2~3ヶ月彼女を家に引き取っていっしょに生活してみました。

姪に何か、カウンセリングをしたとかいうことではなく、家の子どもたち3人といっしょに暮らしただけです。ただ、その期間中、私たち家族は、毎晩のようにみんなでトランプゲームなどをして遊びました。息子たちよりも姪のほうが年上でした。

一番下の息子はまだトランプゲームはできない年齢だったのですが、上のふたり、私たち夫婦で、毎晩遊んでいましたよ。息子たちは、親戚のお姉ちゃんが泊りに来てくれて大喜びでした。

2〜3ヶ月そうやって過ごして、姪は元気になって学校に戻り、親元に帰っていきました。

もうとっくに大人になって子どもを持つ立派な主婦です。

いまもときどき「おじちゃん、あのときは楽しかった。ありがとう」と言ってくれますよ。

とくに何をしてあげたわけではないけれど、気のおけない親戚のおじちゃん、おばちゃんと、年下の男の子が3人いる家というのは、適度な親しさと、適度な距離があったことがよかったのでしょう。親ほどは近くない、しかも、この人たちは自分の生活を監視して親にぜんぶ報告したり告げ口したりは絶対にしない、という信頼感もあったのだろうと思います。「この人たちは自分の味方だ」と思えたのでしょうね。

我が家としては、なにせ5人のうち4人が男ですから、女の子が家にいるのが珍しくてしかたがない。なにか家のなかがパッと明るく、華やかになったような気がしましたね。高校生にもなると女の子は、男の子とは違うことをいろいろ手伝ってくれます。

男の子も頼めば手伝ってくれるけど、やっぱり女の子はちょっと違いますね。「おばちゃん、これは私がしてあげる」なんて、料理などを手伝ってくれるので、妻は心から「ありがとう」と言って喜んで、楽しそうでした。

19

世代の違う人と交わること、
老いた人の死を
見届けることも、
大切な経験です

とくに都会住まいだと親戚づきあいも減ってしまっていると思いますが、親戚同士というのは、精神的に「少し遠い」という距離が子どもにとってはとても居心地がいいときがあります。できることなら、自然にこうしたつきあいが続き、ゆるやかに助け合えるような関係をつづけてほしい。それは子どもにとっても大人にとっても本当にいいことだと思います。

住宅事情が許さないこともあるし、そうではなくても祖父母と同居するのは煩わしいという若い人も多いけれど、いい面がたくさんあるのです。また、老いた人といっしょに住み、やがて亡くなるのを見届けることも子どもにとって、とても大切な経験になります。

離れていると、いざ病気になっても小さな子どもは病院にお見舞いにもなかなか連れていけません。人の老いや死を、家族とともに見届ける経験は、つらいことですが大切なことのひとつでもあります。

エリク・ホーンブルガー・エリクソン（1902〜1994年）もまた、私が尊敬する心理学者・精神分析学者です。

「アイデンティティ」（自己同一性）という概念は、エリクソンが初めて使いました。アイデンティティとは、人間が青年期への成長過程で「自分とはなにものか」「いかに生きるべきか」を模索することによって、「これが自分である」といった感覚を持つこと、と言っていいでしょう。「これが自分だ」「こういう生き方をするのが自分の本来の姿だ」と自覚する、という概念です。

エリクソンは医師ではありませんが、精神分析家として問題行動を起こす多くの青年たちの心理療法を行いました。その後は発達心理学者として活動し、幼児期から老年期までの心理の研究をつづけた人ですが、彼は人間関係について、こう言っています。

「倫理というものは世代間のなかで新しく生まれ変わり、そして次の世代に引き継がれるようにして、伝達されていく。だから世代間の関係が薄れた社会になればなるほど、倫理は失われていく」

同世代だけの関係ではなく、違う世代との人間関係がたくさんある社会は、倫理が伝達・再生されている社会であるということです。

人に迷惑をかけない、社会のルールを守る、相手を思いやり、思いやられることで生きていく、という生き方もまた、世代間の交流のなかで自然に教えられ、伝えられていくものなのではないでしょうか。

世代が違う人が「親」だけであってはいけないのです。

20

子どもを預けたり、
預かったりして
遊びに行くと、
思わぬ発見があります

もちろん、友達も年上、年下、両方いたほうがいい。

私たち夫婦は子どもを持つのが少し遅かったので、甥や姪のほうがみな年上でしたから、意識的に、こうしたお兄ちゃん、お姉ちゃんたちをお借りして、自分の子どもといっしょに海水浴や遊園地に連れていきました。

近所の子どもでもかまわないのです。お母さん同士が自分の子どもを連れていっしょにどこかへ行く、というのでもいいけれど、時には友達を預かって遊びに行ったり、自分の子どもを預けて遊びに連れていってもらってもいいと思います。

私の長男は、ふとしたことで釣りに興味をもちました。私はそれほど釣りが好きなわけではなく、頻繁に連れていったこともなかったのですが、近所に住む友達のお父さんが自分の子どもを釣りに連れていくついでに、息子も連れていってくれたのです。

そうしたら、友達のほうはそれほど釣りが好きにならず、じきに行かなくなってしまったのですが、私の息子のほうがたいへんに釣り好きになってしまった。やがて友達のお父さんとうちの息子だけで行くようになりましたよ。こんな関係もとてもいいと思います。

お返しといってはなんですけれど、今度は私が息子を連れて野球のナイターを見に行くときには、その子をいっしょに誘って連れていったりもしました。その子は釣りより野球が好きだったんです。

そうしたら不思議な発見をしました。自分の息子だけを連れていくと、息子はいつも親のそばにいて、わりあいに行儀よく見ているんです。ところが近所の友達といっしょだと、球場内をあちこちいっしょに動きまわる。小学生ぐらいでしたが、友達といっしょに野次を飛ばしたり、なかなか生意気なことをするんですね。

友達といっしょなのではしゃいでいるし、親の前で大人ぶりたいというところもある。また友達にも「親の前でもいつも大人しくしてるわけじゃない」と背伸びも少ししている。

面白いものですよ。

人間関係が希薄な時代というけれど、こうした関係をうまく利用できれば、ごく自然にいろいろな関係はつくれるものです。

21

子育て中
だからこそ
地域のコミュニティを
大切にしましょう

お母さんたちが、子ども連れでファミリーレストランなどに行っておしゃべりをする光景をよく見かけます。それも悪いことではないけれど、こうした場合というのはお母さん同士がおしゃべりしたいだけで、その間、騒いでもあまり文句を言われないレストランで子ども同士てきとうに遊んでいてほしい、ということです。子どものほうは見向きもしていないお母さんもいます。

それぐらいしか外出できない、というお母さんのストレス発散にはいいと思うけれど、ほんとうのストレス発散は、子どもが心から楽しんでいる顔を見ることです。

お母さんが自分の友達とおしゃべりを楽しみたかったら、回数が少なくても、子どもを預けて外食したほうがずっとくつろげると思いますよ。

近所づきあいさえも難しくなっている時代であることは確かです。近所の人と挨拶もしない、マンションの隣室に子どもがいるかどうかも知らない、ということはもはや珍しくもありません。しかもこれは地方でもほとんど変わらないといいます。大都市だけの問題ではないのです。マンションは、表札も出さないし、住民名簿のようなものさえつくれないところが多いといいます。

けれど、よく探してみれば地域にはいろいろなコミュニティがあるのです。役所や保育園、幼稚園などに行ってみれば、たくさんパンフレットも置いてあるでしょう。私の家内も、いまでもいろいろな地域との交わりを持っています。お料理の会、お習字の会、音楽療法の会、いつもこうした仲間たちとつきあっている。

こうしたコミュニティというのは、ともするとコミュニティのなかの人間関係でもめる、という話も聞きますが、あまりひとつのグループだけに固執しすぎることはないのです。

地域活動の人間関係にくたびれて、家族に八つ当たりしてしまったら、意味がありません。ゆるやかに地域とのおつきあいを複数持って、親戚関係、仕事の関係、趣味の関係といったものを複合的に持っているのが一番いい。

それは家庭のなかの人間関係もとてもよくしてくれます。

私はいつも、田舎の農村に疎開していた自分の子ども時代を思い出します。当時の田舎にプライバシーなんてものはありませんでした。「個人情報」のすべてが地域で共有されていたようなものです。

「あなたのおばあちゃんのお母さんはこういう人で」「おじいちゃんは子どものときにこんなことをした」というような話ばかりです。お互いが親しく、助け、助けられて暮らしていました。

子どもを含めて地域のつきあいはおおらかなものです。しょっちゅう近所に遊びに行って夕食をごちそうになったり、お風呂に入れてもらったりしました。「○○ちゃんの家のお風呂は電気を明るくしたり、暗くしたりできるんだ」とか「○○ちゃんの家のお風呂は、○○ちゃんの家よりお湯が熱い」とか。人の家のお風呂の温度まで子どもが知っている。「○○ちゃんの家は雑巾で足をふかないと上げてもらえない」なんてことも言っていました。

友達の家に遊びに行ったら、友達は別のところに遊びに行っていて留守で、それなのに家に上がり込んでおやつを食べていた、ということもありました。

その子のお母さんが「じきに帰ると思うけどねえ。お芋をふかしたから食べておいで」なんて言ってくれるわけです。家に友達はいないのに、その子のおばあちゃんといっしょに食べたりしていましたよ。

疎開して4年めに終戦になりましたが、そのまま私は高校を卒業するまでその農村で過ごしました。今と比べたら、ほんとうに日本中が貧しい時代でしたが、そこに豊かな人間関係があったから、人々はあるていど豊かに暮らせたのだと思います。

しかし時代が豊かになったら、今度は人間関係が希薄になってしまった。個人情報をたてにして近隣の人とさえ交わることを避けようとする。近所の子どもに声をかけることもしない。

これは極めて非人間的な生き方です。

私は最近、家内にたしなめられました。私は子どもが大好きですから、道を歩いていて子どもを見かけるとつい話しかけてしまう。子どもも反応してくれるからうれしくてしかたがないんです。けれど家内が「誘拐犯に間違われたらどうするの」と心配するのです。

難しい時代になったものですね。けれど笑い話でもすまないので、少しは気をつけることにしますが。

22

人間は「人間関係」の
なかにしか、
生きる価値を
見いだすことはできません

いま、多くの現代人が人間関係そのものに強いストレスを感じ、人との交わりに喜びを感じられなくなっています。

もちろんこうしたことの原因のすべてが、乳児期にあるということではありません。けれど、いま大人たちだけではなく、小さな子どもも友達との関係がうまくつくれず、それを大きなストレスと感じています。いじめや不登校、引きこもりのきっかけは、ほぼすべてが、周囲とのいい人間関係がうまく築けないことです。

こうした現状を見るにつけても、私はペリーが言った「泣いて訴え、それに応えてもらう経験」の大切さを思うのです。

乳児期の子育ては、お母さんにとって心配事や不安が多いものでしょう。健康に育ってほしい、病気やケガをさせないように、といっしょうけんめいに気を配ります。あれこれ育児書を読んだり、インターネットで調べたり、ということも多いはずです。

お母さんによっては、乳幼児期からの英才教育、情操教育に力を入れる人もいるでしょう。

もちろんどれも、子どもを思ってのことだと思います。

けれど、一番大切なことはなにかというならば、赤ちゃんが泣いたらなにをしてほしいのかよくわからなくてもそばへ行ってあげること、そして赤ちゃんをたくさん喜ばせてあげて、親もいっしょに喜ぶことなのです。

それによって、子どもは人と交わることの喜びを知り、コミュニケーションがとれることの幸福を知ります。それこそが、人間にとって欠くことのできない社会性の基盤です。

ハリー・スタック・サリヴァン（1892〜1949年）という、非常に優れたアメリカの精神科医がいます。人道的臨床医のまさにお手本のような医師で、現代の精神科医療の基礎をつくったひとりといえます。サリヴァンは特に統合失調の治療分野で多くの業績をあげましたが、精神医学を「人間関係の学問である」と考えた人で、精神的な病気の原因を、乳幼児期の対人関係に求めました。

サリヴァンは生涯を臨床医として過ごし、ひたすら患者と向き合い治療をつづけた人です。

その彼が言っているのはこういうことです。

「人間は自分が存在する意味と、生きる価値を、人間関係のなかに見いだす。いや、人間関係のなかにしかそれを見いだすことはできない」

サリヴァンが言う「人間関係」をいまの日本は大人も子どもも、失いつつあります。

サリヴァンはおびただしい数の人々の治療を手がけましたが、こうした言葉も残しています。

「心を病んだ人は、例外なく人間関係になんらかの障害を持っている。または、人間関係をまったく失ってしまっている。私にとって精神医療とは、その人の人間関係を修復し、あるいは復活させることなのだ」

サリヴァンの言うとおりだと思います。

23

親子、先生と生徒、医師と患者、どんな関係でも「与え合う」ことが最高の人間関係です

現代の日本が抱えている問題は、まさにサリヴァンが言う「人間関係の障害」に原因が求められる。

エリクソンも言っています。

「人間は人間関係のなかに生きています。人間関係を失った生き方は一種の生命の抜け殻みたいなものです」


そして、「最高の人間関係とは」という問いにこう答えている。

「誰と誰との関係であっても、相手に与えているものと与えられているものが、同じ価値を持っていることを実感できていれば、それが最高の人間関係です。

たとえば母親と赤ちゃんでも同じことです。母親が幼い我が子と一緒にいることを幸せだと感じていれば、その幼子はお母さんと一緒にいることがなによりも幸せだ、ということです」

　また、こうも言います。

「自分の半生を振り返って私はこう思います。生徒から学べる教師こそが、本当の意味で生徒に教える力を持った教師です。そして患者から与えられることの恩恵に感謝できる治療者だけが、患者から感謝される治療ができるのだと思う」

　とても豊かな言葉です。彼自身が精神分析の治療者ですから、この言葉はとても深い意味を持ちます。親子、夫婦、友人、教師と生徒、患者と治療者、どんな間柄であっても人間はお互いの「関係」そのものに双方が喜びを見いだすことが可能であり、それが本当の人間関係なのだ、最高の関係なのだと考えているのです。

　エリクソンは、患者に与えられたものに感謝しつづけることで、いい治療者たり得ようとしていたのだろうと思います。

　たとえば、ボランティアの経験がある人ならば実感できると思います。誰かを助けてあげよう、何かを与えようと思ってボランティアをしたとき、多くの人が助けるつもりが助けられた、感謝されたけれど逆にお礼を言って帰ってきた、と話します。これはボランティアと支援を受けた人が、双方で同じ価値のものを与え合った、ということです。これがエリクソンの言う「最高の人間関係」ということです。

サリヴァンとエリクソンは、言い方は違うけれどふたりとも、「人間関係」の大切さを説いています。煎じ詰めれば、それが最初にお話しした「親が赤ちゃんを喜ばせ、喜んでいる赤ちゃんを見て親が喜ぶ」ということです。「親が心から喜んで子どもをあやしているときに、赤ちゃんは一番幸せだ」ということなのです。

24

子どもに
関わりすぎて
悪いことなど
なにひとつありません

お母さんは「どのていど子どもに関われればいいのだろう」「どのていど甘やかしていいのだろう」といろいろと考え込んでしまうと思います。

確かにのべつべったりそばにくっついているわけにもいかない、すべて言うことをきいてやるわけにもいかない、甘やかしすぎたらいつまでも自立できない、といったことを思うでしょうね。

これはそれぞれの家庭の事情や、お母さんの仕事などによってもいろいろ違うと思いますが、ひとつだけはっきりしているのは「関わりすぎて悪いことはない」ということです。関わりが薄くなることで問題点が出てくる可能性はあるけれど、関わりすぎで問題が生じることはない、と私は思っています。

子どもは幼稚園や保育園に行くようになり、ますます自由に行動したがるようになっても、ふと不安になって振り返ったときに、常に見守ってくれている人を求めています。それはお母さんに限らず、保育園の保育士さんかもしれない。

私は、保育士さんたちの前でお話しするときに、必ず言います。勝手放題をしているように見える子どもたちを、後ろから見守ってほしい、と。子どもたちが振り返ったときに先生がちゃんと見ていてくれた、という経験が、どれだけ子どもの将来に価値を持つことか、を知ってほしい。

それは幼稚園、保育園にいる間はわからないことかもしれません。けれども、これはとても重要なことだと思っているんです。

だからこそ、先生たちには、「どうか、子どもたちが卒園していくとき、この子たちは私が見守ってあげた子どもたちなんだ、と誇りを持って送り出してあげてほしい」とお話ししています。

不登校になっている児童、生徒には、全部ではないけれどかなりの頻度で抑鬱傾向が見られます。常になんともいえずにもの悲しく、意欲が出てこない。朝起きるのがとてもおっくうになり生活が夜型になる、といったかたちで表れてくるのですが、これは鬱病とは診断できなくとも、抑鬱傾向がある、鬱状態である、ということです。

私が大学で学んでいた当時、鬱病というのはだいたい30代ぐらいから始まっていく、というのが常識だったのですが、もはやこれはまったく通用しません。

現在では、早い場合には小学生のころから、こうした抑鬱傾向の症状が現れているケースはめずらしくないのです。

なぜなのだろう、といつも考えているのですが、明確な答えは出せません。

ただ、時代の変化、文化の変化、生き方のスタイルが変化し、家庭のあり方、地域のあり方が変わってきたことは間違いがありません。やはり、こうした変化が、子どもたちの心に変化を与えてきたのではないでしょうか。「振り返れば必ず見守ってくれている人がいる」という絶対の安心感を持って育つことができなくなっているのではないか。それが、現代の子どもたちの心に不安定さとして表れ、人間関係を上手につくれないことにつながっているのではないか。
私には、それしか思い当たることがないのです。

25

子どもが望むなら
抱っこでもおんぶでも、
できる限りして
あげればいいのです

先ほどもお話ししましたが、かつての子どもたちは親が見られないときは祖父母に見てもらっていた。それもできないときには地域の大人が見ていた。見てもらえる人がいない場合、親は背中におんぶしてそのまま仕事をするのがあたりまえでした。

家内がよく「子どもってなんでこんなにおんぶが好きなのかしらね」と言っていたことを思い出します。

背中ですやすや気持ちよさそうに眠っている子ども。そろそろおろしても大丈夫だろう、と思ってそっと気づかれないようにベッドにおろすのですが、どんなに静かにやっても必ずパッと目をさまして泣き始め「またおんぶして」と訴える。

これはどんなお母さんも経験したことがあるのではないでしょうか。

抱っこより、どうも多くの子どもは「おんぶ」が好きなようです。体を縦にして、お母さんの背中にぴったりしばりつけられている感覚は、あの時期の子どもにとってよほど気持ちのいい感覚なのでしょうね。

子どもが望むのだったら、いくつになっても、いくらでもおぶってあげればいいと思います。私も、子どもたちが重くなってできなくなるまで、どの子もよくおんぶしたものです。

抱っこしたほうが顔が見えるから安心とか、話しかけやすい、といった意見もあるでしょうが、子どもが喜ぶならおんぶしてあげてください。おんぶだと親は両手が使えますし、慣れればなかなかいいものですよ。

ただ、子どもが背中で寝てしまうと、急にお地蔵さんのように重くなってしまうのにはまいりますけれど。

26

「大切に育った記憶」
「母親のにおいの記憶」と
成長後の生き方は
大きな関係があります

ちょっと興味深い研究をご紹介します。

京都大学大学院の木原雅子《きはらまさこ》先生という方の研究です。木原先生は長年にわたって数十万人の青少年を対象にした調査を行い、子どもたちがいま抱えている問題の根がどこにあるのかを知ろうとしておられます。いじめ、性の問題、万引きや自傷行為といった問題点の原因はなんなのかを知ることによって、予防することを目的とした調査研究です。

木原先生は毎年全国各地の高校を訪問して、調査を行っておられますが、そのなかにこんな質問がありました。「あなたは自分の親から大事に育てられてきたと思いますか」「いまあなたを大切にしてくれる大人はいますか」。こうした多くの問いに、「はい」か「いいえ」で答えていくというアンケート調査です。質問項目は数多く「異性の好きな友達ができたら、高校時代に性的な関係を持つことはかまわないと思いますか」「すでに異性と性的な関係を持った経験がありますか」「万引きをした経験がありますか」といったことにも質問は及びます。

するとはっきりした傾向が見えました。


「自分は親に大切に育てられたと思うか」

「自分を大切にしてくれる大人がいるか」

という問いに「はい」と答えたグループ、「いいえ」と答えたグループで、他の質問に対する答えが大きく違ってきたのです。

「自分は親に大切に育てられたと思わない」「自分を大切にしてくれる大人がいない」と答えた生徒は、「高校時代に異性との性的な関係を持つことはかまわない」と答えている割合が非常に高い。「親に大切にしてもらった」「自分を大切にしてくれる大人がいる」と答えた生徒の2〜3倍に上りました。「万引きの経験がある」と答えた生徒は4倍、自傷行動があった生徒は3倍です。

「大切にしてもらった」「大切にされている」経験が、自分自身を大切にしようとする気持ちにもつながっていくのだろう、と考えられます。

子どもたちがなにをもって「大切にされた」と感じるのかは、人によって違うと思います。母親に限ったことではないかもしれないし、一緒にいた時間が長ければいい、ということではないでしょう。だって、長時間いやな育てられ方をされたら、子どもはたまりませんからね。

いずれにせよ、子ども自身が「大切にしてもらった」「大切にされている」と感じている場合に、大きな問題が起きることは少ないのは確かです。

27

日本、中国の大学生を調査してわかった乳幼児期の大切さ

大学の博士課程のとき、シュタイナー教育を専門にしている方と知り合いました。この方はすでに大学の先生だったのですが、私と同じ大学で博士号をとるための研究をされていて、主に日本と中国の大学生の比較調査研究をしておられました。

正確にすべてを覚えているわけではないのですが、たとえば「あなたは赤ちゃんのころのお母さんのにおいを覚えていますか」という質問があり、日中の大学生に5段階で回答させるんです。「まったく覚えていない」「覚えていない気がする」「どちらともいえない」「覚えている気がする」「よく覚えている」というような5段階です。

また、同じように「赤ちゃんのころに聞いたお母さんの声を覚えていますか」「お母さんに添い寝をしてもらった記憶がありますか」といった設問などがあります。中国人の大学生、日本人の大学生が無記名でこうした問いに答えていく、という調査です。

設問はたくさんあります。後半には「あなたには自尊心がありますか」「自己肯定感はありますか」「あなたはなにか夢を持っていますか」「将来に対する希望がありますか」「自分を創造性豊かな人間だと思いますか」といった項目がならんでいる。

この集計結果は、驚くべきものでした。日本人も中国人も、その回答のパターンはほとんど同じでした。

「お母さんのにおいを覚えている」と答えた学生は、自尊心が高く、自己肯定感も強い。同時に夢や希望を持っていると答えている場合が多く、自分自身を意欲的で創造性も豊かだと思う、と感じていました。

本当に母親のにおいの記憶があるのかどうかは、なんともいえません。けれど「覚えている」と感じている人が、自己肯定感などを強く持っているということなのですね。

この傾向は、日本も中国も変わりません。

しかし、この調査で私が日本人としてとても悲しく思ったのは、「母親のにおいを覚えている」と答えた日本人が、中国人に比べて決定的に少なかったことです。同時に「自己肯定感がある」「夢がある」「自尊心がある」と答えた人も少なかった。

母親のにおいの記憶や添い寝経験の有無は、あきらかに、大学生の自尊心などの持ち方に関連があるということです。どんなにおいなのか、どのくらい添い寝をしたらどうなるのか、といったことはわかりません。ほかにも調査項目以外の要素もあるかもしれません。

けれど、この結果は注目に値するものだと思います。とても大きな意味を持った調査だと感じました。

いま日本の大学生はいっしょうけんめい就職活動をして、やっと就職してもじきに辞めてしまう人が多いようです。自尊心が持てない、組織内でうまくやっていけない、プレッシャーが大きい、などさまざまな理由はあると思います。終身雇用制がくずれ、不況による新卒採用の枠が減るなどして、いまの大学生はとても大変だとは思います。けれど、会社をじきに辞めてしまう若者の多くが、辞めた理由として社内の人間関係をあげています。人間関係がうまくいかずに、結果的に夢や希望、自己肯定感を感じられずに自尊心をも失ってしまう。

こうした現実を見るにつけ、なにか、乳幼児期の育てられ方と、大人になってからの自尊心、将来への夢や、自己肯定感、健全な人間関係はやはり大きなつながりがあると思わずにはいられないのです。

現代の若者が抱える問題をすべて「親の育て方」のせいにするつもりはまったくありません。母親がいない家庭もあれば、父親がいない家庭もめずらしくないし、両親の都合で祖父母の家で育つ人もいます。両親そろっていつも子どものそばにいられなかったとしても、なにひとつ問題なく育つ子どもはたくさんいます。

しかし、こうした調査結果を見て、現代の青少年、青年たちを見ていると、やはり私はお母さん、お父さんに「できるだけ、子どもに手をかけてあげなさい」「いくらでも子どもが喜ぶことをしてあげなさい」「関わりすぎていけないことはなにもないですよ」と申し上げたいのです。

28

男の子を育てる
お母さんは、甘やかすことで
「マザコン」を心配する
必要はありません

我が家にはこんな記憶があります。長男が3歳ぐらいのときだったでしょうか。私は、いつか機会があったら「パパとママとどっちが好きかい？」と聞いてみようと思っていました。当然「ママ」と答えるのはわかっているのですが、それをわざわざ父親の前で言わせるのもかわいそうだと思いましたから、単に「ママのこと好きかい？」と聞いてみたんです。長男は「好き」と答え、さらに「大好き」と言いなおしました。「どうしてママのことそんなに好きなの」とさらに聞いてみると「ママはいいにおいがするから」と答えました。私はちょっといたずら心を起こして「ママはうんと高くていい香水をつけてるからだよ」と言ってみました。そうしたら、3歳の長男は「そうじゃない、香水のにおいじゃない」と怒りました。「ママのにおいだ」とさらに言いました。

いまはもう40歳ぐらいになる長男が、そのときの「ママのにおい」を覚えているかどうか、聞いてみたことはありませんけれど、子どもにとってお母さんのにおいというのは、とても大事なもののようです。お母さんというのは、本当に得だなあ、と思いますよ。

我が家の子どもたちはみな男の子だったので、女の子を育てた経験はないのですが、「お母さんのにおい」が特別なものであることは、男の子も女の子も同じなのではないかと思います。


男の子を育てているお母さんのなかには、男の子をいつも抱っこしていたり、言うことをきいてばかりいると、将来「マザコン」になるのではないかしら、と心配する人もいます。

たしかにマザコンという言葉が象徴するように、男の子に対するお母さんの影響というのはある意味でとても強い。望んだものを与えられなかった場合の反発も含めて。

けれども、「マザコン」という言葉を「自立できない」「自分で判断できずすべて母親

にお伺いをたてる」「結婚しても妻をないがしろにして母親だけをたてる」という意味で考えれば、これは困ったことだと思いますが、乳幼児期にお母さんが手をかけ、目をかけて育てたことで、こうした問題が起きるとは思えません。

私の妻の父親、子どもたちにとってはおじいちゃんですが、この人は小学校に上がってもまだお母さんのおっぱいをせがんでいたそうです。実際にはもうお乳は出なかったそうですが、それでも母親は欲しがるならいいよ、と与えていたそうです。小さな村で、「あの子はまだお母さんのおっぱいを飲んでいる」と有名だったそうですが、別に祖父がいわゆる「マザコン」になったわけじゃありません。

29

「子どものため」と思いながら、
親の生きがいや
希望を子どもに
負わせていないでしょうか

どちらかといえば、お母さんが子どもに「目をかける」「手をかける」というより自分自身の生きがいをそこに投入しすぎてしまって、子離れがうまくできないということのほうが多いのかもしれません。子どもが育ってじゅうぶん成長しているのに必要のないことまで、やってあげる、というようなことです。

親は「子どものために」と思ってやっていることが、親自身の満足のためだけにやっている、という場合、これは喜びをお互いに分かち合う関係とは言えません。

たとえばたくさんお金を使って幼いころから遊ぶ時間もないほど習い事をさせたり、親が好きな服をうんと買い与えたり、またお母さんの「夢」だった芸能界に入れようと学校そっちのけで踊りや歌だけ習わせたりするのは、子どものためと言いながら、親の満足感を満たそうとしているだけにすぎません。

必要なのはお金をかけることなどではなく、目と、手をかけてあげることです。

基本的な部分で、男の子の育て方、女の子の育て方はまったく同じだと思いますが、お母さんにしてみれば、「異性」である男の子に、なにをしてあげればいいのかがよくわからない、と不安を感じることもあるでしょう。けれども乳幼児のころに、「男の子だからあまり甘やかしすぎないほうがいい」といったことを考える必要はないと思います。

30

私は男の子、女の子の違いを意識して子どもと接したことはありません

「男の子の育て方」について質問を受けることがよくありますが、私は基本的には、女の子と同じでいいと思っています。あえて接し方を変える必要はないのではないでしょうか。

たしかに、女性と男性は、肉体的にも精神的にも、それぞれ違いがあります。女性が弱く、男性が強いということではない。むしろ精神的な部分で考えると、男性のほうが精神的に弱いと感じる部分もあります。男性のほうが人間関係のストレスに弱いという印象です。けれども、これは社会的な環境、ある種封建的な「男子への期待」が男性に対して強く働くせいではないかと思います。

家内は家でピアノを教えていましたから、たくさんの幼児から青年期までの男の子、女の子の生徒さんがしょっちゅう家に来ていました。けれど家内はほとんど男女差は意識せずに教えたといいます。

しかもうちは私が3人きょうだい、家内が5人きょうだいで、それぞれどこの家にも男の子と女の子がいましたから、とてもたくさん甥と姪がいて、この子たちとしょっちゅう会っていました。私たちの親族は仲が良くて、みんなで会う機会がとても多かったのです。

私の子どもたちは3人とも男の子でしたが、そんなわけで家内の生徒さんたち、甥や姪を身近に見てきました。

そうすると、やっぱり、「男の子だから」「女の子だから」という違いはあまり感じられませんでした。男の子のほうが集まると大騒ぎをしやすい、とかそういう傾向はあったかもしれないけれど、それに交じっている活発な女の子もいました。もちろん、男の子と女の子で遊び方や話題が違うというのはありましたけれど。

私たち夫婦も、また女の子を育てている親族も、とくに性別を考えて育て方や接し方を変えているということはなかったですね。

むしろ「男の子だからこうあるべき」「女の子はこうでなければいけない」という、親や周囲の圧力が、ときに子どもの心理に大きな負担を与えることになるのかもしれないと思います。

たしかに社会人になってからを見ていると、小さなメンツにこだわったり、プライドが高いのは男性です。人前で女性上司に叱責されて自尊心が傷ついた、なんてことはよく聞きます。けれどもこれはかならずしも男性のほうがもともと自尊心が傷つきやすく、プライドが高い、ということにはならないと思います。女性と男性の性差ではないだろうということです。女性進出がすすんだとはいえ、まだ日本の社会というのは「男社会」です。女性がその男社会に順応する知恵をつけてきて、がんばっている、というのが現状でしょう。そういう意味では女性は社会のなかでとても苦労しているのかもしれません。

31

「男の子のくせに」「女の子なんだから」という気持ちは忘れてしまいましょう

つけくわえるなら、英語に「男のくせに」「女のくせに」という表現は見つかりません。

私はカナダに留学して、その後何十回となくアメリカにも行き来をし、多くの研究者と接する機会がありました。欧米には女性の研究者、教授もたくさんいます。

アメリカは開拓者が築いた文化です。開拓者のなかには女性のほうが少なかったのです。だからこそ女性が大切にされてきたという文化があります。その文化があるから、政治でも学問でも、女性は尊重されるようになりました。大切にしてきた女性の活躍をみんなが喜び、そうあって当然だと思う社会なのですね。

日本はそういう文化の社会ではありません。欧米化してきてはいるものの、伝統的に男性優位の考え方がまだ非常に強いのです。

女性に制限が強く、男性に有利な社会がつづいている。けれども、終身雇用制や年功序列などの雇用体系も含めて大きく変化しつつあることによって、男性も職場の環境によって大きなストレスを抱える人が多くなっているのかもしれません。しかも絶対数としては、圧倒的に男性のほうが多い職場が多数です。結局、男性のほうがストレスによって精神的にも追い詰められている人の数が多くなっているということなのだと思います。

実際、鬱病、あるいは鬱状態を訴える人は、男性のほうがたしかに多いです。けれども、それは「男性が精神的に弱い」からではないということです。

社会や職場の環境を、男性にとっても女性にとってもよりよいものにすることはもちろん必要なことです。しかしこれは、制度を含めて時間もかかり、多くの課題が残っています。

男の子にせよ、女の子にせよ、こうした社会に出ていく子どもたちのために、親ができることとは、「男らしく」とか「女らしく」とかを考えて育てることではないと思うのです。

第3章

子どもと社会のつながり

32

「人間関係」そのものが苦手な大人がとても増えています

私はこれまでに「仕事が合わなかった」「自分がやりたい仕事ではなかった」と、せっかく就職した会社を退職してしまった若者にたくさん会ってきました。

しかし、ある仕事が自分に合うか合わないか、というのはそう短い期間にわかるものではありません。数ヶ月で「これは合わない」ということはわからないはずです。

「どうして、そんなに短期間で仕事が合わないと思ったの？」と聞いてみると、ほとんどの人はうまく答えることができません。なんども会って、ゆっくり話を聞き、自由になんでも話してごらん、と言いつづけていると、だんだんにその本質がわかってきます。

いきつくところはやっぱり人間関係なのです。仕事が合わないのではなく、人間関係が合わなかった、ということになる。つまり上司とうまくいかなかった、同僚といきいきと交わることもできなかった、といったことです。ほとんどのケースは仕事の内容ではなく、それ以前の人間関係に強いストレスを感じて、会社を辞めてしまっている。
それほど「人間関係」が苦手な人が増えているのです。

あるＩＴ系の大企業の方にこんな話を聞きました。その方は人事部なのですが、どうしても「毎日会社に来る」というのができない社員がいるというのです。ＩＴ系の仕事ですから、自宅で仕事をして数日おきに結果を報告に来ればいい、という形だと非常に優秀な仕事ができてなんの問題もない。ところが、毎日出社して同じ仕事を会社でしてほしいというと、３日と続かないのだそうです。「それでは困る」と言うと「では会社を辞めます」ということになってしまう。
ＩＴ系で、こうした在宅ワークが許される会社であればよいのですが、やはり多くの日本の会社は「毎日会社に来てくれなければ困る」といいますから、能力はあってもこうした人は辞めてしまう可能性のほうが高い。

若い経営者も多いＩＴ系の会社だと、毎日会社に来る人のデスクを見てもほとんどがパーティションで仕切られて個室のようになっている場合が多い。そのほうが働きやすいと思う人が多く、会社もそれが自然だと考えているからです。

それでうまくいっているケースも多いと思いますが、ＩＴ系に限らず、職場の人間関係は大きく変化しています。

古い体質と、新しい体質がいりまじった状態なのですね。けれどもどちらに向かおうとしているかは明らかです。

できるだけめんどうな人間関係をつくらないように、個人の能力だけを評価するようにという方向です。

33

社会全体の「人間関係」が希薄になってきています

「社員旅行」とか「運動会」なんて昔はよくありましたが、もうほとんどの会社が廃止しているでしょう。そんな面倒くさいことを強要される会社なんてまっぴらだ、という若い人が増えていった結果です。大昔はそうしたことが「みんなの楽しみ」だったのですが、いまや「上司に誘われて飲みに行く」なんてことも、減ったようです。飲むこと自体が大切なわけではないですから、上司などと仕事外で交わることをとても負担に思うのでしょう。時間的にも、精神的にも「嫌だ」「面倒」、仕事ではないのなら避けたい、と強く思う人が増えてきた結果です。「面倒」どころか嫌悪する人も多いですね。

日本の会社も、地域や家庭と同じように、もともとは伝統的にとても密な人間関係を重視するものでしたが、これもまた欧米化やグローバル化の圧力に押される形で、急激に変化してきました。バブル崩壊後の不況などによる効率化の影響、ＩＴ企業の台頭などもその原因のひとつだと思います。

結果的に多くの企業の人間関係が希薄になっています。

これは若い人の傾向に合わせる形で、会社の風土が変化してきた結果でもあるのですが、会社内を含め、若い人のコミュニケーションは明らかに昔とは違ってきています。私自身も実感しますが、話していてもこちらに踏み込んでくることを避ける感じが強い。会話も成立しにくい人が多いです。一見協調性はあるのですが、自己主張はしない。

会社の場合だと、予兆なく突然辞めてしまう、会社に来なくなってしまう、というケースが多いようです。「そんなに悩んでいたのならもっと早くに言ってくれればよかったのに」「相談してくれたらよかったのに」と周囲は感じてビックリするのですが、本人はそういうことをほとんどしないで、いきなり会社に来なくなってしまうのですね。たとえば同僚に相談する、愚痴を言う、時には上司に反論する、提案する……といったことが一切ないのです。小さな不満や違和感というのは、周囲のコミュニケーションで解消できることが多いのですが、ひたすら自分のなかに蓄積してしまうために、周りの人は気づかないし、本人もそのストレスをはっきり自覚していないことがあります。そのため、急に「会社に行けなくなる」という形で表れてしまうのです。

過度にプライベートに踏み込むような職場の人間関係は、たしかに望ましいものではありません。けれど、前にお話しした地域の人間関係と同様、それが希薄になることによって、そこで働く人がほかの部分、つまり地域や家庭、友人たちとの人間関係を強く築けるようになっているのかといえば、そうは思えません。

職場は仕事と割り切り、プライベートな人間関係を優先する、というのならまだしも、結局、職場での人間関係が失われている人、そこの関係にストレスを感じている人は、職場にかぎらずすべての人間関係がうまくいっていない、というケースが多いように思います。

34

「人間関係」が
苦手な人ほど、強く
「人とのつながり」を
求めているのです

「人間関係が苦手な人」もまた、「つながり」が不要なわけではないのです。むしろ昔以上に「つながり」を欲している。だからこそ、FacebookやTwitterといったSNSなどの「薄いつながり」「ストレスのないつながり」をとても重要視する人が増えているのだと思います。

人間は、どんなにめんどうなことが多くても、人間関係のなかではじめて自分の存在の意味や、価値を知ります。

心を病んだ人は例外なく人間関係に障害を持っている。こうした病気の治療の究極の目的は、人間関係を修復すること以外にありません。

どんな人も、切実に人間関係を求めているのです。

しかし、目の前にいる人とコミュニケーションをとるということは、ときには批判され、叱責され、不快な思いをすることも出てきます。

リアルな人間関係でのストレスから逃れようと、ネットの世界でやりとりをしていても、ときにはリアル以上に、見ず知らずの人から苛烈な集中攻撃を受けてしまうことがある。自分にけっして反論しない人、いつも「そうだそうだ」「いいね」と言ってくれる人のグループだけをネットのなかにつくろうとする人も多いです。現実の自分とはまったく違うキャラクターを演じて、擬似コミュニケーションを取ることによって気持ちを安定させる人もいます。多くの若者は、現実の社会では言いにくいと感じていることを、不特定多数の人、見知らぬ人に、語りかけてそれに同意してほしい、と思っているのでしょう。

ネットの世界を楽しむのは悪いことではないし、現実の人間関係がそれで増えることもあるでしょう。けれどそうした世界だけにしか人とのつながりを求められないのは、やはり悲しいことだと思います。

35

難しい時代だからこそ、意識的に子どもの「人間関係を築く力」を育ててあげましょう

とても難しい社会になってきていることは、間違いありません。

小学生が携帯電話やスマートフォンを持つのが当たり前になった時代です。いまさらインターネットを使うのはやめなさい、などと言ってもしかたがないでしょう。元に戻すことはできません。

こうした現実の変化のなかで、子どもたちが健康に育ち、幸福に生きるためにどうするか、ということを考えなくてはいけない。

どんな社会になっているにせよ、バーチャルな世界の関係や、在宅ワークをするにせよ、その根本は現実の人間関係が健全でなければなりません。

そのはじまり、土台こそが「親との関係」です。

仕事の関係、地域の関係、すべての人間関係の「形」は変化しています。

それだからこそ、親は、子どもを育てていくときに、なによりも人間関係を育てる、という部分に、もっとはっきりと強い意識を持ってほしいな、と思います。

子どもの将来のことを考えて「男の子は傷つきやすいからこう育てなくては」と考えるのはむしろ、逆に「男の子はこうあるべきだ」という意識を強くおしつけすぎることになるように思います。

同時に、女の子に対しても「これからの女の子はこうあるべきだ」と考えてムリをさせるのも同じことではないでしょうか。

見守ってあげてほしいのはあくまでもその子の個性で、性別の違いではないと思うのです。

まず、乳幼児期には、何をおいても子どもが喜ぶことをしてあげよう、それを自分の喜びとして、してあげよう、という育て方をしていたら、それでいい。いいえ、それが一番大切なのだと思います。

親子関係に始まり、やがてそれはきょうだいや祖父母といった家族との関わりに広がり、友達との関係、先生との関係と広がっていきます。やがては会社などでの関係になっていく。

スタートの段階での親子関係が適切にいっていない場合、後の関係は広がりにくくなっていきます。親子関係がスムーズでない場合は、友人との関係はそれ以上に広がりにくくなります。これは数多くの臨床の場で痛感してきたことです。

36

子どもが親に
「本音」を言えないのは
なによりも
悲しいことです

マイケル・ジーレンジガーというジャーナリストは『ひきこもりの国』（光文社）のなかで、日本の3〜4歳の幼児は親に「本音」で物を言っていない、と観察しています。あれこれ親に要求しているけれど、常に子どもは親の顔色を見ているというのですね。また、本当は親の手につかまって歩きたいのに、わざわざ親の後ろを遠ざかって歩く子がいる、と。また、親の叱り方が非常に「キツい」とも書いています。

親の後ろを遅れて歩く子どもは、「迎えに来てほしい」と思ってわざとやっているのでしょうが、そもそも親に対して「迎えに来てほしい」と、そういう形で訴えなければならないのは、悲しいことだと思います。そうまでして「振り返ってほしい」「立ち止まってこっちに来てほしい」と訴え、しかもそれを「早く来なさい」「置いて行くわよ」と大声で怒鳴られる。

ジーレンジガーはこの情景を、「子どもが親に本音で物を言っていない」というように見たのですね。

子どもは親にほめられたい、親を喜ばせたいという感情を自然に持っているものですが、これは本来、親が子どもに対しても持っている感情です。

ただこれには、親のほうに個人差があります。原因はいろいろありますが、いい教育を受けさせたいとかいうことではなく、「ただ子どもを喜ばせてやりたい」「子どもが喜ぶのがなによりもうれしい」というある意味では原始的な感情というのは、この数十年、少しずつ失われてきているのではないかと思います。若い世代の自己主張が強くなり、それが個人主義というより利己主義に近くなってきている傾向があるのと同様に、やはり若いお母さん、お父さんは、子どもに対しても「お互いに喜び合いたい」という親密感が弱くなってきているように思います。

これは、将来社会のなかで子どもが生きていくうえで、非常に大切な「人間関係」を築く力の基礎が弱くなることにつながります。

37

「家ではいい子なのに
保育園で手のかかる子」は、
家でお母さんが
厳しすぎるのかもしれません

長年つづけている保育士さんとの勉強会でも、「親の前でとてもいい子」ほど、保育園ではいわゆる「手がかかる子」というケースがとても増えているといいます。

親の前でいい子というのは、とても親に気をつかい、本音を言っていないんです。親にほめられたい、叱られたくない、親に喜んでもらいたい、という気持ちはとても強く持っているんです。ところが、「悪いこと」「よくないこと」をしたら、親に叱られる、見捨てられる、といった感情も持っています。「どんないたずらをしたって、叱られたって、親に嫌われるはずはない」という確信がないのでしょう。親のほうも、「あれをしてはだめよ」「これをしてはだめよ」という規制が多く、それにしたがったときにだけほめている、ということが多いのだろうと思います。

単に子どもを喜ばせるために、子どもの希望をきいてやる、ほしいものを与える、ということが少ない。

こうしたお母さんは、いっしょうけんめい子どものことを考えているつもりなのだけれど、やっぱりお母さん自身のためにやっている、ということが多いのです。

そうした環境にある子どもは、保育園で「手のかかる子」になることが多いのです。家でできることが保育園ではできず、保育士をつねに自分に引きつけようとする。つまり赤ちゃん返りをしてしまうのですね。しかも赤ちゃん返りと同時に、攻撃性が強くなることが多いのです。

たとえばけんかをして友達を突き飛ばすとか、叩く、おもちゃを投げつけるというようなことが多くなる。

お母さんは、まったく想像もしていないんですね。自分の子どもが保育園で乱暴なことをするなんて、信じられないわけです。それほど家ではいい子なのです。「そんなはずはない」というお母さんに、少しずつお話をしてわかってもらうようにはするのですが、教え方はとても難しいです。へたな教え方をすると、お母さんは家で、いままで以上に「怖いお母さん」になってしまうんですね。

それに、最近は保育士さんがお母さんに「園にいるときに乱暴なことをすることがある」「家で厳しすぎるのではないですか」といったことを言っても、お母さんがまったく聞く耳を持ってくれないことが増えてきています。「そんなはずはありません」と突っぱねられてしまうんですね。

乱暴なことをするのは、相手の友達が悪いせいだと考えたり、保育士さんがちゃんと見てくれないからだ、と言いつのるケースも多いのです。「厳しすぎませんか」とアドバイスをしても、子どものためにしていることだ、と言うばかりなのです。実際そう信じているから、どうにもならないのです。

38

「もう赤ちゃんじゃ
ないんだから」と
言っては
かわいそうです

親の前でとてもいい子にしているのは、親を喜ばせたい、ということもあるけれど、やっぱりお母さんが怖いからなのです。それは子どもにとっては大きなストレスになります。いろんな我慢をしているのですね。うんと我慢していい子になっているから、そのストレスを保育園で発散することになります。つまりその子は、保育園だけで気を許しているということです。保育士に甘えて、なにか乱暴なことをして気持ちを発散させようとしているんですね。

こうした「保育園だけで手がかかる子」というのは、ほぼ確実に小学校以降も、難しい子になります。

こうした子に対して保育園はどうやって接するべきなのか、といったことを私たちは長く勉強会をつづけていますが、これはいくら考えても難しいことです。

乳幼児の様子を保育園で見ていると、この子がどういう少年になり、青年になり、社会人になっていくだろうか、ということが、かなりはっきりと予測することができます。

乳幼児期の問題は成長過程で本当に消えにくく、それはびっくりするほどなのです。できることならば乳幼児期になんとか問題の芽のようなものはつんでおきたい。

だから、保育士さんは、子どもが安心して赤ちゃん返りができるように受け止める、といった接し方をします。「もう赤ちゃんじゃないんだからダメよ」ということは言わない。もちろん危ないことをしたら止めますけれど。

それをつづけるうちに、少しずつ自立をしていく。それに従って乱暴をすることも減ります。

ただ、本来親がやらなくてはいけないことを保育士さんが代行するというのはとても難しいことなのです。

赤ちゃん返りをして、年齢不相応に幼い要求を保育士に求める子は、同時に弱い子を叩いたりする攻撃性を見せます。それはつまり、依存と反抗です。

ゆとりのある保育園であれば、メインでその子を見守り、一日のうちのできるだけ多くの時間を個別に寄り添ってやるということをします。あるいは、こうした子を数人、集める形で専任の保育士が見ることもあります。けれど、朝から晩までこれをつづけることはなかなかできないのです。

39

乳幼児期の「泣かせっぱなし」の時間はなるべく短いほうがいい

保育園というのは家庭の延長線上ではなくて、すでに子ども社会です。ただ子ども社会には見守る大人がいますから、保育士さんが親の代わりのようになってあげることはできます。多くの場合に、こうした子は小学校に行ってから、不登校などになりやすく、いわゆる保健室登校になりやすいです。その子にとって甘えられるところ、安心できる場所は保健室だけになってしまう。保健室さえも安心できなくなれば、ますます学校に行けなくなり、家でも居場所を失って自室に引きこもってしまう、という道をたどることもあります。

乳幼児期に親との関係が親密で、安定したものであることが、その後の子どもの人生にどれほどの影響を与えるか、どうか忘れないでいてほしいと思います。

家ではいい子、保育園で難しい子、という兆候があるときは、両親が家で厳しすぎないか、子どもがいつも本音で親に接しているか、といったことを少し考えてみてください。逆に「家ではちっとも言うことをきかない、散らかしほうだい」の子が、不思議なことに「保育園ではきちんと言うことをきき、片付けも進んでする」という場合があります。

これはもう、まったく心配することはありません。その子は家にいるとき、安心しほうだいに安心し、外に出ると「社会人」として家よりはちょっと緊張してきちんと役割を果たしている。家に帰ったら、くつろぎきって気を許し、両親に甘えているのです。

これが本当に健全な姿です。「ほんとに外面はいいんだから」「外でできるなら家でもちょっとしっかりしてよ」と思うかもしれないけれど、人間は、大人になったって、どんなにバリバリ外で働く人も、家に帰るとだらしなくなるものです。心配することなどありません。

小学校に行くようになって、たとえば不登校などの問題が起きて、私どものところに相談に来られたお母さんとじっくりお話をしてみると、お母さん自身がだんだんと、自分のことをわかるようになってくる。これは何度も何度も、お話をしているうちに少しずつ、安心して話してくださるのですが、「いま考えてみると、うんと小さいときに、子どもを泣かせっぱなしにしていることが多かった」とか「おんぶはまったくしたことがない」というようなことが多いです。

最初は泣けばすぐにそばに行ったけれど、とくにおむつも濡れていない、お腹も空いていない。それでも泣く場合が多いので、そのまま放っておいたら赤ちゃんが泣き止んだ、というわけです。泣かせっぱなしにしておけば、赤ちゃんは自然に泣き止むんだと思った、というのですね。おむつとおっぱいさえ、あるていどの間隔で与えれば、あとは泣いていてもだいじょうぶなのだ、というふうに考えるようになっていた、と。

確かに子どもは泣かせっぱなしにしておけば、泣きつかれてやがて黙ってしまう。

けれど、おむつやおっぱいの時間ではないからといって、ほかはいつも泣かせっぱなしというのは、これはまちがいなく、よくないことです。ほかの仕事で手が離せないということもあるだろうけれど、できるかぎりは、赤ちゃんが泣いたらそばに行ってあげてほしい。

「泣かせっぱなしにしていることが多かった」というようなことは、お母さん自身はあまり意識していないことが多いのです。「必要なことはしていた」という気持ちの陰に隠れてしまっているんですね。けれど、子どもにとっては「泣いて呼んでも誰も来てくれないことが多かった」「呼んでも来てくれなかったことが多かった」という感情が強く残ってしまうことがあるのです。

40

黙って好きなものを
出すよりも
「なにが食べたい？」と
希望を聞いてあげましょう

何か子どもに問題が起きて、それに気づいたお母さんにはいつもこう言っています。遅すぎることなどないのですよ、気づいたときから始めればいいのですよ。

子どもが何を要求しているのか、じっと見てあげてください。お風呂に入って水遊びをしたいというのなら、身体を洗うのは適当でもときにはしばらくつきあってやろうとか、甘ったれてグズグズしているのならとりあえず抱っこしてあげる、忙しいのに泣いているならおんぶして家事をする、眠る前にぐずるなら、もうそういう年齢ではないと思ってもしばらく寝付くまで添い寝をしてあげればいい。

小学校の中学年だろうが、添い寝をして本を読んであげればいい。

乳幼児期に足りなかったかもしれない、という部分に気づいたら、大きくなってからできるだけ追加してあげたらいいと思います。

子どもがなにをしてほしいのかわからない、というのなら、ちょっとしたコツをお教えしましょう。「なにが食べたい？」と聞いてください。子どもの好物がわかっていても、黙ってつくって出すのではなくて、「なにが食べたい？」「なにが好き？」と聞いてからつくってあげるといいと思います。子どもは、毎回「ハンバーグ」と言うかもしれない。「ええ？　またハンバーグなの？」と言いながらでも、何度でもつくってあげればいいのです。

毎日、三食聞くことはできないでしょう。けれど、時々でも「さあ、晩御飯のお買い物に行こうと思うけれど、なにが食べたい？」と聞いてあげてください。親が食べさせたいものばかりではなくて、子どもが食べたいものをつくってあげてください。「あなたが食べたい、と言ったものをつくってあげたよ」「欲しい、と言ったものを買ってきてあげたよ」という応え方をすることは、とてもいいことです。

お菓子を買うときだって、「今日は買い物に行ったときになにかお菓子を買ってあげるけれど、なにが欲しい？」と言って、欲しがるものを買ってあげればいい。常に子どもが好きそうなものを先回りして手の届くところにおいておくよりも、子どもはずっと喜ぶと思いますよ。

41

子どもの話を聞くことと、
質問することは違います。
問い詰めずに子どもに
話させてやってください

たとえば、子どもが保育園でなんだかいつもポツンとしている、どうも乱暴な言動が多い、といったことで心配になることもあるでしょう。言葉が遅い、落ち着きがない、といったことも気になることがあると思います。

こうしたときにまず一番大事なのは、できるだけ子どもの話を聞くことです。間違えてはいけないのは、質問する、問い詰めるということではなくて、「聞く」ことです。子どもはそんなに簡単に「いまどんな問題があるのか」「なにがイヤだと思うのか」なんてことを答えられるはずがありません。自分でもなにが気に入らないのか、なにがイヤなのか、どうしてほしいのか、なんてことはわかっていないことのほうがほとんどですし、ましてそれを口に出して言葉で親に伝えるなどということはまずできません。幼稚園・保育園はもちろん、小学校になってもそれは同じことです。大人にだって、難しいことなのですから。

けれど、大事なのは、それがどんなに論理的ではなくても、めちゃくちゃでも、常に子どもの話を聞くことです。耳をじっと傾けて、なにをしてほしいのかをくみとろうとしてあげてほしい。自分から話すよりも、聞き上手になること、聞くことにいっしょうけんめいになることです。

親になかなか本音で「したいこと」を伝えられない子だったら、「なにが食べたいのか言ってごらん」ではなくて、「ママ、アイスクリームと、プリンと、チョコレートを買ってきたけれど今日のおやつはどれを食べたい？」というふうに、子どもが答えやすいように言葉をかけてあげるといいですよ。そういうところから始めればいい。お風呂に入るときなら「お風呂に入ろう。水遊びもちょっとしようか。お船とじょうろも持って入る？　ほかにお風呂場に持っていきたいものはあるかな」と子どもにしゃべらせてあげればいいのですよ。答えやすい問いかけをしてあげるんです。

「今、なにがしたいのか言ってごらんなさい」「言いたいことはなんでも言いなさい」なんて言っても、子どもはなかなかしゃべれないものですよ。もちろん、子どもに限らずね。

大切なのは「質問する」のではなく、耳を傾けることで、相手に自分から話させることです。

この手法は、精神科の医師が患者さんに接するときと同じ方法です。話を上手に聞けるようになれば、精神科の医師も一人前だと言われるけれど、これとまったく同じことなのです。

熱心な医師ほど、患者さんに適切なことを言おうとして、しゃべりすぎてしまう。一生懸命しゃべってしまうんですね。患者さんのことを思うあまりに。けれど、これはよくないんです。聞くことに一生懸命になって、患者さんに話させなくてはいけない。

私も研修医だったころにずいぶん先輩がたにそう言われたものです。やっと患者さんの話を聞けるようになって、「佐々木くんも、だいぶ上手に聞けるようになったね。

ようやく一人前だね」と言われました。

どうしても親は子どもによかれと思ってお説教をしてしまったり、質問ばかりを繰り返してしまうものです。「言い聞かせる」「質問する」をつづけても、子どもは話すヒマもないし、うまく答えることもできないでしょう。

相手が本音を話してくれて、それに深く耳を傾けたうえで、はじめて「アドバイス」というものが意味を持ってくるのです。

42

いじめられているらしい、
と気づいても
「いじめられているの？」
と聞かないこと

ニュースを見れば、学校のいじめが原因で自殺にまで追い込まれた子どもたちのことが伝えられています。死んでしまおうと思うほどに苦しかったのに、なぜ、両親に相談することができなかったのか。心が痛みます。親御さんも同じことでしょう。多くの子どもたちが、親に心のなかの苦しみを打ち明けることなく、ひとりで死んでしまった。かわいそうでなりません。

もしも、子どもが、親に泣きながら苦しみを訴えていたら、解決策もあったと思うのです。

どんな子どもでも、いじめの対象になる可能性はあります。そうしたとき、親にそれを話すことができるかどうかが、大きな分かれ目になります。

ただ、先ほども話しましたが、子どもの話を聞くことと、質問することは違います。もしも、なにか様子が違う、学校で何かいやなことがあるのではないか、いじめられているのではないか、といったことに気づいたときでも、

「学校でいじめられているんでしょう?」

「いやなことがあるんでしょう?」

と聞かないでください。それでは、けっして子どもは肯定しないでしょう。

「ううん、別に」「ない」「平気」と言うに違いないのです。子どもは、いじめられていることで傷つき、それを恥だとも思っています。いじめられている、なんて言ったら親に弱い子と思われる、軽蔑《けいべつ》されるかもしれない、とさえ思っている。「がんばりなさい」「強くなりなさい」なんて励まされるのはもっといやだと感じているかもしれない。親が悲しむ、心配をさせたくない、と思う子もいます。

親は、絶対に「いじめられているの?」などと言い出さずに、さりげなく「話しやすい環境」だけをつくってあげてください。寝る前でもいいし、おやつのときでもいい。そうした時間が塾やお稽古事でとれないというのなら、そちらを減らしたほうがいいです。何気ない話でいいのです。「今日はなにがあったの?」「楽しいことはあったの？」「けんかはしなかった？」などと、けっして質問ばかりせず、テレビの話でもペットの話でもいい。ムリに学校の話をさせる必要はありません。

何度かこうしたゆったりした機会を持ちつづけることです。「お母さんと話すと学校の話を聞かれる」と思うと、子どもはお母さんとふたりだけで話す機会を避けるようになってしまいます。

「いつもお母さんは自分の言うことを聞いてくれた」「希望をかなえてくれた」という経験を乳児のときから、たくさん与えられている子どもは、いじめられたときでも、親に訴えることができます。最初はためらうでしょうが、やがて「どうにもならないんだ」「すごく悲しいんだ」という本音を吐露すると思います。いじめられるような弱い自分でも、親は自分を見放したりしない、と確信を持てる子どもはきっとそうします。

ここではじめて、親は「いじめ」という問題に対処できるのです。

教師に相談し、保護者会などでも話し合うことによって、それ以上のいじめを食い止めることができる場合も多いでしょう。

ただ、それでもダメだったら、学校を休ませる、転校させるという手を考えればいい。別にそんなことは「逃げ」でもなんでもありません。子どもに「負けるな」「がんばろう」なんていう必要はけっしてないのです。

43

教育者に
ならないでください。
親は絶対的な
保護者であってほしい

ひとつ心得てほしいことがあります。それは、親は「教育者」になってはいけないということです。これは絶対にいけない。親は保護者です。絶対的な保護者であってほしい。

教育現場は「教師が生徒に正しいことを言ってきかせる」ということが非常に多い。しかも、言ってきかせたことに従わないと、叱る、罰則を与えるということにつながることが多いです。体罰というのはその最悪のケースですね。こうした風潮は、日本にはかなり根強く、教師だけではなく親もこうした考え方になってしまっているところがあります。

もちろん親も子どもを叱らなくてはいけないことが、いろいろあると思います。けれど、まず体罰はやめるべきです。あまり危ないことを繰り返すのでついコツンと手が出てしまった、という経験がある人は多いと思いますが、基本的には絶対に手を出すべきではないです。それはなんの解決にもなりません。一度手を出したからといって、それですべての子どもが健全に育たないということはないでしょう。けれども、こうしたことは、必ず繰り返します。日常的になっていってしまう。

体罰というのは、何ひとついいことがない。それで子どもは傷つくだけです。親を恐れて禁止されたことをしなくなるかもしれないけれど、本質的に「なぜ禁止されたか」を理解したわけではなく、単に「親に叱られるから」親の前ではしなくなる、というだけにすぎないことのほうが多いのです。また、感情的になって手を出してしまった親は、後で「なんであんなことで手を出したのだろう」と落ち込んでしまう。親にとっても、子どもにとっても、「説教して言うことをきかないから体罰」というのは、最悪の状態です。どちらにとっても、不幸な結果しか残りません。

叱りすぎてしまう、手を出してしまう、というのは、お母さんの気持ちに余裕がない場合が多いです。子どものことや、それ以外のことで心配ごとが多くてイライラしてしまったり、悲しくなってしまって、八つ当たりをしてしまうことがあるのはよく

理解できます。

けれど、根本的なところに立ち戻ってみてください。親は、多少甘やかしすぎようが、かまいすぎだろうが、常に子どもを保護し、認めてやることが一番の役割です。子どもを喜ばせること、それを自分の喜びにできれば、それがなにより大切で、それができているなら、しつけなんか二の次でいい、ということを思い出してみてください。

こうした温かい親子の人間関係ができていれば、子どもは大きくなってから自分でほかの人と関わり、親に教えられなかったことも学んでいくことができるのですから。

44

親が9割手伝って、最後の1割ができればほめてあげましょう

たとえば、「片付けができない」というときでも、お母さんが9割片付けてあげればいい。最後の1割、ほんの少しでもできたのならそれをほめてあげればいいのです。ほんのちょっとだけしか自分でやらなかったからといって、「ほとんどお母さんがやったじゃないの」と叱らないでください。

叱ることはとても簡単です。待つことはとても難しい。

「どうして何度言ってもできないの」「早くしなさい」「今すぐやりなさい」という言葉が多くなり、何度言ってもできないから、なおのこと親はイライラしてしまいます。けれども、親は待つことが、叱ることより大事な仕事なのです。

「何度でも言ってあげる」「できなかったら何度でも教えてあげる」のが親なのです。

どうか、待ってあげてください。叱ったり、叩いたりしてその場だけ従わせても、子どもは怖がり、萎縮してしまうだけで、決して自立心は育ちません。

お母さんがよく男の子の子育てについて心配する「甘やかしたらマザコンにならな

いかしら」というのは逆なのです。本質的な「マザコンの問題」というのは、母親が大好きであることではなく、母親に甘えることではない。それを言ったら、男なんて、全員がマザコンですよ。いわゆる「マザコン」に問題があるとするならば、それは子ども自身に自立性が育っていないことです。厳しくしたからといって自立性は育ちません。「すべて自分でやりなさい」「すぐやりなさい」と強く叱ると、要領がいい子どもならば親に叱られないように、禁じられたことをしなくなります。けれどもこれは自立性ではないのです。

むしろ、じっと親が待ちながら、穏やかに何度も何度も言い聞かせて、子どもが「できた」ときにほめることで自立性は育っていくものです。

私たち親というのは、いつのまにか親が望んでいる子どもに育てたい、という気持ちがどんどん肥大して強くなってしまいます。子どもが望んでいるような親になってあげよう、という部分がいつのまにか消え細っていってしまう。「こうあってほしい」「こう育ってほしい」と願うばかりになってしまうのですね。けれども本当は、いつも、子どもが望んでいる親になろう、という気持ちで育ててあげたほうが、結果的に子どもはいい子に育つんですよ。これはいつどこへ行ったときにもお話しすることです。

第4章

親のふるまいと子ども

45

母親にも父性的なところはあり、父親にも母性的な部分はあるのです私自身は、親に叩かれた、という記憶はありません。私も妻も、3人の男の子を叩いた、ということは一度もないと思います。もちろん、それで「しつけができなかった」なんていうことはありません。

けれど、親が子どもを叱らなくてはいけない、「それはよくないよ」と伝えなくてはいけないときもあります。

そんなときのヒントになるかもしれないので、私の経験をひとつお話しします。

長男が小学校のころだったと思うのですが、食事のとき、母親がつくった料理を食べたくない、嫌いだ、とぐずぐず言い出したのです。妻は怒ってしまった。「じゃあなにも食べなくていい。夕はんはなしです」と言って席を立ってしまったんですね。

母親としてはやはり頭に来ると思いますよ。せっかくつくった料理を拒否されたわけですから。

私はそのときちょっと妻に目配せをして、「じゃあ、どこかへ出かけてごはんを食べようか」と、息子に話しかけた。近所の店にふたりで出かけ、なにか適当なものを注文させ、クリームソーダを飲んで帰ってきただけです。別に母親がつくった料理を食べなかったことを叱責もしませんでしたし、話題にもしなかった。

ほかの人から見たら「そんな甘いことをしていたら味をしめて、毎回同じことをするようになる」と思うかもしれませんね。

けれど、それは間違いです。二度とそんなことはありませんでした。

長男にしてみれば、母親の料理を拒否し、父親に外へ連れて行ってもらって食事をしたことは、けっしてうれしいことなどではないのです。本人にしてみたら、本音ではとても気まずいのです。その経験だけでじゅうぶんです。

「そんなことをしてはいけないよ。お母さんがいっしょうけんめいつくったものはおいしく食べなくちゃいけないよ。お母さん、悲しむよ」と言うよりも、はるかに大きな効果があると思います。

何日かたってから、以前の話は忘れたような顔をして、食事のとき「ママのごはんはおいしいね」と少しフォローしておいたらいい。

というのも、家には長男の下にふたりの弟がいましたから、「お兄ちゃんは料理に文句を言って、お父さんに外でおいしいものを食べさせてもらってうらやましい」なんてことになると、それも困りますから。ちょっとしたフォローも大切ですよ。

この例は、母親と父親のコミュニケーションがちゃんととれていないとダメです。

それが成立していないと、父親が息子を叱りもせずに外食に連れ出してしまったら、母親はさらに怒ることになるかもしれない。「息子を叱った私だけを悪者にして‼」と夫婦げんかにもなりかねませんよね。

46

ひとり親でも、子どもが
健全に育たないのではと
心配する必要は
まったくありません

両親がそろっている家庭ばかりとは限りません。母子家庭も父子家庭もいまはめずらしくなくなりました。

ひとり親の家庭で、「子どもは健全に育つだろうか」と心配されるお母さん、お父さんもいると思いますが、これはだいじょうぶですよ。

多くの育児書は「両親がそろっている」ことを前提にしたアドバイスが多いので、とても不安になるかもしれないけれど、ひとり親だからといって、子どもが健全に育たないなどということはけっしてありません。

たしかに両親がそろっているほうが、一般的には子育ては楽かもしれません。もちろん経済的な意味でも楽でしょう。

また、母子家庭にせよ父子家庭にせよ、親はどうしても仕事と育児を両立させることになりますから、「子どもと接する時間が短くなる」「父親、または母親がいないこと」が子どもの成長にマイナスになるのではないか、という心配をなさる方も多いと思うのですが、必ずしも母性は母のもの、父性は父のものとは言えないのです。

母性ないしは母性的なものは、子どもにとってたいへん必要なものですが、「母親だけが持っている感情」のことではありません。私は母性とは、子どもをできるだけありのまま受け入れてやろうとする力のことだと定義しています。受容する、容認する、ということです。この力は男性も持っています。同時に、父性的な力、つまり子育てのなかで簡単に言えばしつけにあたる部分です。「こうしてはいけない」「こうしなくてはいけない」ということですね。社会的な規律や規範を教える力が父性だと言っていいと思います。

お母さんも父性的な部分を持っているし、お父さんも母性的な面を持っているのです。私自身、自分のなかに両面があります。

ただ女性のほうが母性的な面が強く、男性のほうが父性的な面が強いのが普通です。ですから、たまたま両親がそろっていると、どちらかといえばお母さんのほうが母性を発揮しやすい。けれど、お母さんも子どもを育てているときは、しつけをしなくてはならない、社会的な規範を教えなくてはいけない、と父性原理を発揮していることもあるわけです。いっぽう、お父さんだっていつも「こうしなさい」と言いつづけるわけではないでしょう。

さきほど、私が妻がつくった食事を食べなかった長男を外食に連れだした話をしましたが、このときは妻のほうが父性的な叱り方をしました。「出された食事はきちんと食べなくてはいけない」と叱った。子どもをたしなめずに外に連れていった私のほうが、母性的に接していました。妻が父性的になったから、私が母性的な面をそのときは受け持ったということになります。

もともと女性にも男性にも、母性性、父性性は備わっているのです。

ひとり親であってもこの両方を与えることは可能なのだということです。

47

お父さんは、お母さんが思う存分母性を発揮するためのサポート役です

両親がそろっている場合であれば、その分担ははっきりしやすいと思います。「お母さんはやさしい」「お父さんはちょっと怖い」でいいし、それが一番自然です。

ですがいまは、お母さんもお父さんも、どちらもが父性的になりすぎているように思います。

父親の育児参加が進んだといっても、やはり育児はお母さんまかせになることが多いせいでしょう。お母さん自身が父親的な役割を果たすこともときには必要ですが、どうしても現代のお母さんは父性原理を働かせることが多すぎるのではないかと思うのです。厳しくて、怖いときが多いのですね。

また、それを補うように、お父さんがやさしくしようとしている、ということが多いと思います。もちろんお父さんが時に母性的な部分を担当する、というのはとてもいいことなのですが、どちらかというと育児に関わる時間が長いお母さんが常に父性的で、たまにお父さんが母性的に受容する、というのはあまりいいバランスではないと思います。いつもお母さんが厳しく怒っていて、たまにお父さんが取りなす、というパターンです。

いちばんいいのは、母親が思う存分に母性を発揮しやすいよう、父親がサポートすることです。お母さんにもさまざまな個性、性質がありますから、「母性」といってもいつもただ静かにニコニコしているという意味ではありません。肝っ玉母さん型もいるでしょうし、キャリアウーマンのお母さんもいる。どんなタイプにせよ、本質的なところで母性を発揮すればいい。お母さんのタイプにあわせて、お父さんが自分の役割を考えるのがいいと思うのです。お母さんの気持ちを支えてあげることですね。

お父さんは、お母さんがなるべく気持ちに余裕を持って、子どもにやさしく接することができるようにしてあげてほしい、ということです。

お母さんがいつも幼い子どもを叱ってばかりいるように感じたら、それはよくないサインです。お母さん自身がそれに気づいたら、お父さんにもう少しサポートを求めるといいでしょうね。

お父さんが気づいたら、お母さんを助けてあげてほしい。

「なにをしなくてはいけない」と、堅苦しく考えることはないのです。両親の個性や、家庭の環境にあわせて、ちょっと家事を手伝ってあげたり、子どもをしばらく遊ばせてやったり、いろいろなサポートのしかたがあるでしょう。

両親がそろっているのなら、子育ての主役はやっぱりお母さんです。父親は助演者であり共演者です。目立たなくてもいいから、母親を支えればいいのです。半分ずつきっちりわけて、役割分担をしようと思ってもできるものではありませんから。

お風呂に入れてあげる、保育園の送り迎えを手伝うことで、お母さんが楽になるのなら、手伝ってあげればいい。でもこれは時間的に助けるという意味よりも、お母さんの気持ちを助けるという点で大きなサポートになると思います。

どういう形にするのかは、夫婦で自然に話し合い、お互いに感じ取りながら決めていくのがいいと思いますよ。

お父さんも母性的な部分を持ち、お母さんも父性的な部分を持っているけれど、子どもはやっぱり「お母さんにしてもらうとうれしいこと」「お父さんといっしょのほうが楽しいこと」と、それぞれの喜びを両親に求めます。お父さんとお母さんは二人三脚だけれど、同じことを均等に分担するということではないのです。いろいろなご家庭をたくさん見てきたけれど、ほんとうに形はさまざまです。こうでなければいけない、という「決まり」などありません。

私は、小学校3年から高校を卒業するまで、滋賀県の農村に疎開していましたが、農村での生活、田畑の仕事というのは、父も母もそろって同じように働きます。夫婦そろって仕事に出かけ、いっしょに帰ってきます。

けれど、家で子どもと接するときには自然に役割が違っていました。やっぱりあれこれ世話を焼くのは母親で、ごはんをつくるのも母親。父親は具体的に「なにを分担する」ということはなかったけれど、母親が困っていれば手を貸す、ときどき子どもにちょっと厳しくする、というようなていどの「分担」です。子どもも外で遊ぶのは父親とのほうが楽しいとか、家でおしゃべりをするのはやっぱり母親がいい、というように、求めることを自然に変えますから、両親はそれぞれ違った形で子どもが喜ぶことをしてやればいい、ということです。

48

外で働いていることを
子どもに謝る
必要はないけれど、
短い時間を大切にしてください

子どもがなにを求めているのか、ということに対して、現代の大人は鈍感になっているように思います。母親になにを求めているのか、父親になにを求めているのか。それに気づいてあげられない鈍感さが一番いけないのだと思うのです。

繰り返しますが、お母さんがフルタイムの仕事をしていて、子どもと接する時間が短いから、与えられる母性が少ない、ということはけっしてありません。長時間いっしょにいればいいという問題では絶対にありません。

お母さんが非常に忙しく働いていた家庭や、母子家庭で育った大人に聞いてみると、ほとんどの場合「時々はさびしかったけれど、いっしょにいるときはいつもとても楽しかった」と言いますし、お母さんを恨んでいる人など聞いたことがありません。むしろ、働くお母さんを「かっこいい」と言います。子どもはちゃんと働く母親の背中を見ているものです。

私は保育園の保育士さんや、保護者の皆さんと話をするときに、必ず言うのですが「お母さんはお仕事で忙しいから、あまりムリを言ってはダメ」「あまりうるさいことを言ってまとわりついちゃダメ」とけっして子どもに言わないであげてほしいということです。子どもはそもそもお母さんに働いてほしい、とは思っていないんです。子どもにしてみれば、やっぱり「お母さんは自分の都合で働いている」という理解になるのはしかたがありません。

お母さんは子どもに対して、いつも働いていることを謝る必要などありません。でも、心のなかで「いっしょにいる時間が短くてごめんね」とちょっと思いながら、いっしょに食事をする時間、お風呂に入る時間、添い寝をしてあげる時間、保育園まで通う道を大事にしてあげてほしい。それは本当に大切なことです。

短い時間に「全部必要なことを言わなくては」と、「あれをしなさい」「これはしちゃだめよ」ということばかり言っていたら、子どもはかわいそうです。忙しくてイライラすることがあっても、短い時間であれば、なおのことやさしく受容してやってほしい。しゃべるよりも子どもの話を聞き、答えやすい問いかけをして、おおいに甘やかしてあげればいいと思いますよ。

仕事のストレスが多くて、家事が多くて、育児がたいへんで、母親はそんなとき、つい「仕事で疲れているんだから、家でまで怒らせないで!!」と叫びたくなることがあるでしょう。でも、ちょっと考え方を変えてみてはどうですか?「会社ではどうしてもイライラしてしまう。でも家に帰ってあなたの顔を見たらそれだけでホッとするのよ」と。そういうふうに切り替えができたら一番いいですね。

やっと仕事を終えて子どもの顔を見たときに「さあ、もう忙しい仕事のことは忘れて、これから子どもが喜ぶごはんをつくるんだ」「仕事よりずっと楽しい時間だ」と思えるようにしたらいい。これは、一種の「訓練」でもあります。「あなたが喜んでくれるとお母さんはうれしいな」「○○ちゃんの顔を見ると元気になるよ」と口に出して言ってみてください。きっとお子さんも、お母さんもうれしい気持ちになると思います。

49

手伝ってくれないお父さんには
文句を言うよりも
「お父さんが喜ぶこと」を
してあげるといいですよ

父親もよく言いますね。深夜残業して帰ってきても子どもの顔を見ると疲れが抜ける、と。お母さんにしてみれば「寝てる顔を見てるだけなら楽なものよ」と思うかもしれない。「都合のいいときにだけかわいがって、父親はおいしいところだけを持っていく」と、言いたくなることもあるでしょう。でも子どもの寝顔を見て「かわいいなあ」と笑っているお父さんを見ていたら、お母さんだって「お父さんはずるいな」と思いながらも、うれしい気持ちになるでしょう？ そこで「明日はお父さん、あれを手伝ってね、これもやってね」と要求ばかりしないで、ふたりで寝顔を見て、ニコニコしていればいいと思いますよ。

ちっともサポートをしてくれないご主人もいるでしょうが、「私はこんなにたいへんなのよ」「なぜ手伝ってくれないの」と訴えるより、子どもといっしょに楽しいことをする、楽しい気持ちを分かち合うことが一番大切です。

寝顔を見て笑い合うのもそのひとつです。

休日になるといつもゴロ寝のお父さんに「寝てばかりいないで」「育児を手伝って」と強くせまって、自分の望みだけを言うよりも、ご主人の喜ぶことをしてあげてください。子どものためにすることばかりではなく、ご主人が好きなことをしてあげてほしい。

夫婦の信頼関係と愛情は家庭の基礎です。望むばかりで、何も与えないのではご主人もつらくなるでしょう。

いつも「子どものため」ばかりを振りかざさないで、「今日はあなたの好きなものをつくるわよ」「なにが食べたい?」とご主人にも聞いてあげてください。

「明日はあなたが子どもをどこかに連れていって」ではなくて、「実家に預けるから、久しぶりに映画でも見てふたりで食事をしない?」と誘ってみたらどうでしょうか。ふたりでいっしょに楽しもう、と考えてみてください。

お父さんにとっても、家が一番くつろげる場所でなければ、やっぱり悲しいのは子どもと同じことなのですから。

子どもは喜びを分かち合う力があってこそ、悲しみを分かち合う力が育つ、と言いました。これは、子どもの成長だけに言えることではありません。

大人同士の関係もまた、まず喜びを分かち合い、幸福を分かち合うことで、相手の悲しみや苦労を理解し、助けることができるのです。

赤ちゃんが誕生したという喜びを、幸せを共有し分かち合うことがその第一歩ですが、それだけで、すべての悲しみや苦労を共有できるお父さんとは限りません。最初は、「ああよかった」「なんてかわいいんだろう」「よく生まれてきてくれた」と喜び合っていても、子育てにだけ一生懸命になり、苦労しているお母さんを見ていると、自分のことがないがしろにされた、子どもに妻をとられてしまった、というように感じる夫もいます。

そういうタイプのお父さんに、「あれをして」「これをして」と不満だけをぶつけても解決にはならないでしょう。

ほんの少しのことでいいのです。ご主人が喜ぶようなこと、ご主人の好きなことをしてあげてください。「このオツマミ、あなたが好きそうだから買ってきたのよ」「ビール、いっしょに飲まない？」「パパ用の新しいパジャマを用意したわよ。きっと気持ちよく寝られると思う」そんなことでいい。誕生日だけに高価なものを買ってあげるとかいうことではなく、日常のなかの、ほんのちょっとのことでいいのです。

お母さんだって、いつも子どもだけにおもちゃを買ってくるお父さんがたまに「これはお母さん用」と、好きなケーキを買ってきてくれたらそれだけでとてもうれしい気持ちになるでしょう。おみやげがおもちゃばかりではなく、お母さんに、と花が1本、ハンカチ1枚あっただけでも、どれほどうれしいかと思います。

お父さんも同じことです。

50

親子いっしょに楽しむことを
積み重ねれば、もし
悲しみにおそわれたときにも
分かち合うことができます

なにかを「してあげた」からといって、つねに引き換えのように「じゃあ今度はあなたがこれをして」と言わないほうがいい。相手を喜ばせることを少しずつ重ね、いっしょに楽しむことをして、そのうえで今度は子どもといっしょに楽しもうとしてみたらいいと思います。

「今日子どもを連れて公園に遊びに行くけれど、お弁当をつくるからあなたもいっしょに行かない？　花が咲いていてきれいなのよ」「○○ちゃんがずいぶん歩くようになったから、自慢のカメラで写真を撮ってやって」

そんなことからでいいのではありませんか？　育児になれていないお父さんにとって子どもとふたりだけでどこかに行く、というのはなかなか大変なことだと思います。なにをしていいのかわからない、心配ですぐ帰ってきてしまうということもあるでしょう。最初は3人でいっしょに楽しむうちにお父さんも子どもがなにを喜んでいるのか、自分なら別の喜ばせ方ができるかもしれない、と思うようになるのですから。

たとえば、親子3人で行った公園で、子どもが近くで遊んでいる年長の子どもたちの野球やサッカーに興味を示しているのに気づいたら、「今度、少し遠いけれど広い公園に連れていってボール遊びをしてみよう」と思いつくかもしれませんね。

子どもにとっては、お母さんといっしょのほうが楽しいこともあれば、お父さんといっしょのほうが楽しいこともあります。それをお父さん自身も、少しずつわかっていくようになればいいと思うのです。

喜びを分かち合うことは、そんなに難しいことではありません。

お父さんといっしょに遊んで喜んでいる子どもを見ること、「お父さんとこんなに遊んでもらった」と報告する子どもの話を聞くことで、お母さんもまたうれしい気持ちになる。こうして、親子で喜びを分かち合うことができる。

小さな喜びを少しずつ積み重ねていったら、もしも大きな悲しみや苦労がやってきたときでも、それを必ず分かち合い、助け合うことができます。

そのために、相手がなにかをしてくれたら、「ありがとう」と口にすることです。なんどでもお礼を言ったほうがいい。子どもに「ありがとうは!?」とお母さんはよく叱り、しつけるけれど、お母さん自身がいつも「ありがとう」と言うことが、なによりも大事なのです。「ありがとう」をいつも言える人は、「ごめんなさい」も自然に言えるようになります。これは、子どもも大人もまったく同じです。

日常生活のなかで、お父さんにもまた保育園の先生にも、親同士でも、いつも自然に「ありがとう」と言うお母さんを見ている子どもは、間違いなく、叱らなくても「ありがとう」と「ごめんなさい」を自然に言う子どもになりますよ。

51

再婚のために「子どもがじゃま」と少しでも思うようだったら、考え直したほうがいいでしょう

もうひとつ、最近多い例をあげておきましょう。

お母さんが離婚して子どもを引き取って育て、その後再婚する、というような場合です。めずらしいことではありません。

お母さんも、また恋愛して今度こそいい家庭を築きたい、子どものために父親が欲しい、と思うのは自然なことです。

子連れ同士で再婚して、それはそれはいい家庭を築く人もいます。

しかし子どもをひとりで育てている若いお母さんに恋人ができたとき、男性が子どもをじゃま扱いしたり、疎ましく思ったりすることがあります。しかも、お母さんはつきあっている人に嫌われたくないからと、いっしょになって自分の子どもをないがしろにしたり、叱りつけたりすることがある。最悪の場合は、ふたりで子どもを虐待することにつながることさえあり、これは悲しいことにめずらしいことではないのです。

再婚してからこうした虐待が始まることもあります。

子どもがじゃまだ、という気持ちがどこかにあったら、そのふたりはいずれ近い将来うまくいかなくなるでしょう。そして、夫婦の関係が壊れる前に、子どもが傷つくことは間違いありません。

昔もいまも、再婚した男性のなかには、奥さんの連れ子を疎ましく思う人がいます。妻のなかにある「なんらかのめんどうな部分」に嫌悪感を持つ人ですね。こういう人と結婚すると、結局その結婚は壊れます。これは子どもがいなくても同じ結果になると思いますよ。子どもがいる場合はもっとはっきりと表れてくる。

若くして離婚し、幼い子どもを抱えたお母さんは、男性に頼りたいという気持ちが強いでしょうが、ここはよくよく考えたほうがいいと思います。相手が自分の子どもをどこかで疎ましく思っていないか、また、自分自身が相手に遠慮して自分の子どもを叱ったり、遠ざけていないか、と考えてみてください。

どこかで無理があるようだったら、その結婚は、親にとっても子どもにとってもいいものにはならないでしょう。

若いシングルマザーで、見た目はびっくりするほど派手でも、話をすると実にしっかりしている人もたくさんいます。やり方は古い世代とは違うけれど、とにかく子どもにしっかり向き合って、いつも子どもといっしょに楽しもうとしているお母さん。いいなあ、と思います。少しぐらいしつけがおろそかでも、ハンバーガー屋さんにしょっちゅう行っていても、そんなことは大きな問題ではないのです。

よくない再婚をするくらいならば、周囲の助けを借りながらひとりで育てたほうがずっといいと思います。

52

子どもには、まず母性的なものを先にじゅうぶんに与え、その後から父性的なものを与えるべきですよく「子どもには母性性と父性性をバランスよく与えることが大事だ」と言われますが、もっと大切なのは順序良く与えなくてはいけないということです。

それを私は誰かに教えてもらった、というふうには思えません。自分自身で何十年もの臨床経験のなかで、はっきりわかった、と感じています。母性と父性は「バランス」ではなくて、「順序」が肝心だということ。

どちらを先に与えるべきかといえば、言うまでもなく母性、母性性のほうです。先に「こうしてはいけない」「こうすべきだ」ではなく、子どもをありのまま、すべて容認する母性性をまず先に与えなくてはいけない。

母性的なものをたくさん与えられると、父性的なものを受け入れやすくなります。喜びを分かち合う力が育っていないと悲しみを分かち合う力は育たない、と言いましたが、これと似ています。母性的なものをじゅうぶんに与えられた子どもは、やがて父性的なものもきちんと受け止められるようになるのです。

家庭でじゅうぶんに母性的なものを与えられていない子どもは、保育園、幼稚園、学校といずれの場所でも、決まりや規律を守ることが下手です。そういう部分を見ると、親はさらに父性原理を持って、子どもを叱り、ルールを教え込もうとするようになる。これは悪循環を生みます。本当にダメです。

まず与えられるべきは母性的な「受容」なのです。

子どもにはまず小学校に上がるまでは、母性的なものをいっぱい与えてやってほしい。これはお父さんひとりで子どもを育てている場合も、お母さんひとりの場合も同じです。お母さんしかいない場合、ちょっと気をつけておきたいのは、「父親がいないから」と必要以上に父親的な父性的な面を発揮しようとがんばらないことです。「母子家庭だからといって甘やかしてはいけない」と厳しくしないでいい。乳幼児期のお母さんは、ただやさしいだけでいい、と思います。あとの大切なことはみんなほかの人にまかせたらいいのです。お父さんひとりの家庭でも同じです。「自分ほど、この子にやさしくしてやれる人はいない」と思えるくらいに、子どもにやさしくしてあげてほしい。

しつけ、教育、訓練などをしてあげなくてはと思う必要なんかないのです。なぜかというと、子どもが一歩家を出たとたん、そこは父性的な社会だからです。家ですべてを受容してもらう経験をたくさんすることで、幼稚園、保育園という「社会」で、もう少し人間関係を広げることができる。

その過程を完了して、本当の学校社会に出ていくのが一番いいのだと思います。けれど残念ながらそれができない子どもが増えています。

学校に行って「勉強ができる子」になると、親はそれだけでとても安心してしまうのですが、多くの場合「勉強ができる」「いい点数がとれる」という子は、規律、決まりを守ることに長けているわけで、それは母性性よりも、強い父性性で育てられてきたということです。もちろん勉強のできる子が、必ず社会性が乏しいというわけではありませんよ。

けれど勉強ができるからだいじょうぶ、勉強ができるようになってほしい、とばかり願って、家でもそこばかりにいっしょうけんめいになると、父性性に先立って必要な母性性、つまり「すべてを認めてもらう」「許してもらえる」「なにをしてもいつも見守ってもらえる」という感情が欠けてしまう。その感情がまだ育たないうちに、「こうすべき」という父性原理ばかりで働きかけると、子どもは「勉強はできるけれど、友達とうまくいかない」ことになってしまいます。そうした子どもが、友達をいじめることが多い。

やさしさに飢えた子ども、認められることに飢えた子どもは、たとえばよくないことをするグループのなかに入って、それを求めてしまいます。万引きグループに入る、というようなのはその典型です。家庭で、社会で、認められないという怒り、不満、さびしさのようなものを埋めるために、特定のグループに入ろうとしてしまう。そのグループというのは「社会で認められないことを、相互に認め合う」仲間になってしまいます。そこでやっと居場所ができる。上手に万引きして仲間に「すごい」とほめられる、というようなことが起きてくる。こういう形でグループのなかで受け入れてもらおうとする例を、私は数限りなく見てきました。

53

少年院の子どもたちは、ひとり残らず「親」を語りつづけました

10年ほど前に、新聞社の依頼である少年院にいる子どもたち10人に会ったことがあります。この子どもたちは、児童自立支援施設にいる子どもたちよりも重い罪を犯した子どもたちです。

さらにその取材は、テレビ番組にもなって放映されたのですが、インタビューされたのは当時キャスターだった渡辺興二郎さんでした。このかたがとても上手なインタビューをなさいました。誘導尋問のような質問はいっさいしませんでした。

「どうしてここに入ることになったの」といったていどの問いかけで少年たちがポツポツと話す言葉を、ただじっと聞いておられた。相槌をうつだけで、ずっと聞いていたんですね。

少年たちの話は、ほとんどすべてが親に対する思いばかりでした。

例外なくすべての子どもたちが、自分の親のことを語ります。いわゆる立派な家庭の子どももたくさんいます。経済的にも豊かで、社会的な地位もある両親に育てられている子も多いのですが、子どもたちはただひたすら親について話します。それは怒りだったり、不満だったりもするわけですが、せつなくなるくらいに切実に訴えます。小さいときにこうだった、ああだった、こうしてほしかった、これがつらかった、いやだった、と話します。子どもが罪を犯してしまったのは、すべてが親のせいではありません。けれど、どんな子どもでも親に対する感情というのは、びっくりするほどに強いのです。

彼らが訴える不満というのは、煎じ詰めれば「もっと母性的なものを与えてほしかった」ということなんですね。もちろん彼らは「母性」なんていう言葉は使いませんよ。けれども、そういうことなのです。常に父性原理の強い言葉で、「こうしなさい」「それはいけない」ということを強く訴えられてきた。ネグレクトされてきた子どもだけではありません。

親は自分たちなりに教育を与え、関与してきたつもりであっても、「認めてもらった」経験がなく、求められることばかりが多かった子どもは、ひたすら親に対する不満を訴えつづけます。

54

ただひとつお母さんに
望むことは、やさしさです。
プライドを持って
やさしくしてあげてください

私がお母さんたちに、何を望むかといったら、ただひとつ、やさしさです。「私にしかできない」というプライドを持って、やさしくしてあげてほしいと思います。

私が望む、と言ったのは、子どもたちがそれだけを望んでいることを、多くの経験から知っているからです。子どもはそれほどに、心から親のやさしさだけを欲しています。

父子家庭のお父さんであってもこれは同じことです。男性であっても母性的な面はたくさん持っているのです。そのやさしい面をためらわずに子どもに対して出して接してあげればいい。

将来厳しい社会に出ていくのだからしっかりしてほしいと願うのはよくわかりますが、そう思うならばなおのこと、小さいときに与えうる限りのやさしさを与え、それで喜ぶ子どもを見て喜んでほしいのです。

働くお母さんは、子どもに接する時間が少ないことを悩むでしょう。

けれど、やさしさは断じて、時間の長さで決まるものではありません。いつもいつも寄り添いつづけていなくてはならないということではない。昼間は保育園や、おじいちゃんおばあちゃんにやさしくしてもらえばそれでいいのです。

また、一線でバリバリ働いているお母さんは、社会の厳しさをよく知っています。だからこそ、受験戦争を乗り切ってほしい、社会で生き抜いてほしい、と子どもに厳しくしたいと考えるかもしれませんね。

それでも、ただ、ひたすら、やさしさだけを与えてあげてほしい。それだけでじゅうぶんです。

外で許されないことでも家庭では許してください。家庭とは、ほかのどこにもないほどに居心地のいい場所だ、ということだけを子どもに伝えてやれたら、それでいいのです。

いまの社会に生まれた子どもがやがて直面するであろうこと、苦労するようなこと、を親はあれこれ想像しますが、実は本当はその一部しか見えていない。心配しているといっても、勉強、受験、就職、そんなところです。そんなところだけが最初表面的に上手くいったところで、人生が幸福であるとは限らない。

子どもがどんな生き方を選ぶのであれ、人間として社会で幸福に生きていく力をつけるために親ができるたったひとつのこと、そして一番大きいことが、常に許されてくつろげる「家庭」という場所を与えてあげることです。それが生きていくための力になる。

いい子だからかわいがる、言うことをきくからやさしくするのではありません。子どもというのは、かわいがるから、言うことをきいてやるから、いい子に育つのです。

55

子どもをありのままに認める

子どものありのままを認めて、それに満足をしてやることは、なかなかむずかしいものです。しかし、子どもが自らの能力を最もよく発揮できるのは、基本的には自分の個性や資質などの人間としての個人的なありようを、親にそっくりそのまま容認されている場合です。

それと反対に、子どもが萎縮して、本来持っている能力さえ発揮できなくなってしまうのは、親にこんな子どもでは困ると思われている場合です。

親は子どもの将来を案じて、いろいろな個性的な能力をひき出して育ててやりたいと思うのは当たりまえのことなのですが、親が期待するような個性や能力を、どの子ども持っているわけではないのです。

子どもが3人も4人もいるとよくわかりますが、同じ両親から生まれても、一人ひとりそれぞれちがった個性を持っています。だから楽しいわけですが、時としては親は身勝手なもので、親にとって不都合に思える性格の子どもには、同じようにかわいがって育ててきたのにこの子だけ……と考えがちになります。親も好きな性格とそうでない性格のようなものがありますから、よほど気をつけていませんと、知らず知らずのうちに子どもに差別的に当たったり、子どもの個性や資質に合わないような過剰な期待をしてしまったりします。

そこでものは思いようですが、どの子どもにも必ずよい面と悪い面があるという古今東西の普遍的な真実を思い出してみるとよいと思います。子どもにとって不幸なことは、その誰にでもあるその子のよい面を、親が好まない場合です。親がもっとちがったタイプの長所を欲求しているような場合です。しかしこれは親の身勝手というものですから、必ずある子どものよい面を発見する努力は、怠ってはならないと思います。親になった人の最低限の義務ともいえることでしょう。子どもは親にしか似ていないのです。

子どもに限らず人間の長所と短所は背中合わせのように対になっています。だからどの子にも長所があるといえるのです。

素直な子どもは素晴らしいと多くの人が思っています。たしかに素直な心は素晴らしい長所です。ところがちょっとよく考えてみますと、素直さとはまわりの人の言いつけによく従うという面を持っています。口応えや反抗をしないという性質に共通する面もあります。ですからうっかりすると、周囲の人の考えにふりまわされて、自主的な判断や行動ができないという性格につながることがあります。強い個性や忍耐力を必要とする職業についている人には、しばしば一匹狼のような非協調性を特徴とする性格のタイプの人がいます。芸術家やプロ野球の名投手などのなかには、周囲から一般には歓迎されにくい性質の人が少なくないのです。

このように、どんな長所もちがった見方をすると必ず短所になり、どんな短所にも長所としての側面があるのです。

子どもを育てる人は、親でも教師でも、基本的にはものを善意に長所側から見ることのできる人でなければならないと思います。短所に見える部分の修正は、その子どもの長所をよく知っている人、よい面のよく見える人が行ったときに、最もうまくいくのです。

子どもにとって、自分の価値やよい面をよく知っていてくれる人が、あれこれ注意したり叱ったりしてくれる場合には、それほど不快ではありませんし、だいいち自尊心を傷つけられることがありません。

子どもの長所をよく理解し、ありのままの状態をまず許容することなしに、子どもを養育したり教育したりすることはできないのです。不登校、家庭内暴力、非行、自殺などの問題をひきおこす子どもの生育史には、まず身近なおとな（親や教師）に、子どもの持っているよい面が充分に発見されていないという悲劇的な色彩が色濃くあるようです。

（「コミュニケーション」vol.34　子育て協会 より）

本書は二〇一四年三月一一日に弊社より刊行した単行本『どうか忘れないでください、子どものことを。』の新装版として、テキスト、デザイン、定価などを変更し、著者の未発表原稿である「55子どもをありのままに認める」を、子育て協会監修のもとに加えました。

佐々木正美
（ささき・まさみ）

児童精神科医。1935年、群馬県生まれ。2017年没。新潟大学医学部卒業。ブリティッシュ・コロンビア大学児童精神科、東京大学精神科、東京女子医科大学小児科、小児療育相談センターなどを経て、川崎医療福祉大学特任教授。臨床医としての活動のみならず、地域の親子との学び合いにも力を注いだ。専門は児童青年精神医学、ライフサイクル精神保健、自閉症治療教育プログラム「TEACCH」研究。糸賀一雄記念賞、保健文化賞、朝日社会福祉賞、エリック・ショプラー生涯業績賞などを受賞。『子どもへのまなざし』（福音館書店）、『子どもの心の育てかた』（河出書房新社）など育児、障害児療育に関する著書多数。

100%ORANGE

（ひゃくぱーせんとおれんじ）

及川賢治と竹内繭子の二人組。イラストレーション、絵本、漫画、アニメーションなど多方面で活躍している。『よしおくんがぎゅうにゅうをこぼしてしまったおはなし』（岩崎書店）で第13回日本絵本賞大賞を受賞。その他の絵本作品に『ねこのセーター』（文溪堂）、漫画作品に『SUNAO SUNAO』（平凡社／全4巻）などがある。育児雑誌「母の友」（福音館書店）の挿画を担当している。